Mateus na Reforma Global

PEDRO QUADRADO

Mateus na Reforma Global

MADRAS®

Editor:
Wagner Veneziani Costa

Produção e Capa:
Equipe Técnica Madras

Revisão:
Silvia Massimini Felix
Jerônimo Feitosa
Margarida Ap. Gouvêa de Santana

Dados Internacionais de Catalogação na Publicação (CIP)
(Câmara Brasileira do Livro, SP, Brasil)

Quadrado, Pedro
Mateus na reforma global/Pedro Quadrado. – São Paulo: Madras, 2017.

ISBN: 978-85-370-1047-1

1. Espiritualidade 2. Meditações 3. Mensagens
4. Reflexão 5. Vida espiritual I. Título.

17-01386 CDD-291.4

Índices para catálogo sistemático:
1. Espiritualidade: Mensagens: Religião 291.4

MADRAS EDITORA LTDA.
Rua Paulo Gonçalves, 88 – Santana
CEP: 02403-020 – São Paulo/SP
Caixa Postal: 12183 – CEP: 02013-970
Tel. : (11) 2281-5555 – Fax: (11) 2959-3090
www. madras. com. br

Índice

Prefácio 16
Prólogo 19

1ª Mensagem

1. A busca pela verdade.
2. O remédio certo para sarar dessa enfermidade espiritual.
3. Duma vez encarnado o espírito não se recorda da sua vida milenar 22

2ª Mensagem

1. Abrangendo o passado, presente e futuro.
2. Ações animalizadas ainda remanescentes.
3. Lucidez do espírito adquirida durante o sono 25

3ª Mensagem

1. Inúmeras fixações que não edificam nada.
2. A mente desordenada consome muita energia mental.
3. Forças vitais impossíveis de serem supridas rapidamente 28

4ª Mensagem

1. Incontestável forte prova de amor e fé.
2. Nas malhas apertadas dessa peneira.
3. Respostas sumamente necessárias 30

5ª Mensagem

1. O verdadeiro caminho para a vossa salvação.
2. O dito saco de fumaça.
3. Para ser possível caminhar encima d'água 33

6ª Mensagem

1. Dando prova dum nobre caráter.
2. A histeria coletiva.
3. Como se fosse desintegrar.. 36

7ª Mensagem

1. Chafurdar no lodaçal da vida desregrada.
2. Fatores inexistentes no plano físico.
3. O calcanhar de Aquiles.. 39

8ª Mensagem

1. Entre o berço e o túmulo.
2. A lucidez da imortalidade espiritual.
3. Um rápido lampejo... 41

9ª Mensagem

1. Esse trabalho requer muita firmeza mental.
2. Capaz de fazer um simples mortal ser um instrumento.
3. Estejam com a bagagem pronta 43

10ª Mensagem

1. Grandes catástrofes criadas pela reforma global.
2. Graves alterações no curso da natureza.
3. Não estarão dando a chance de serem auxiliados........................ 45

11ª Mensagem

1. Atos em desacordo com a lei Divina.
2. Um jogo de palavras dogmáticas.
3. A cura de velhas enfermidades crônicas 47

12ª Mensagem

1. Grande dispêndio de energia vital.
2. O veículo que pode transportá-los para esplendorosos planos.
3. Aprendam a fortalecer a energia Divina 49

13ª Mensagem

1. Aqui estaria um anjo.
2. Na pureza das criancinhas que podem ver os anjos.
3. Deslumbrante mundo de coisas lindas 51

14ª Mensagem

1. Como um bom cristão é inconveniente.
2. Que fuga apavorante.
3. Por que só o amor salva o homem 53

15ª Mensagem

1. A reforma global que vai haver neste planeta.
2. Como se lhes tirasse a venda dos olhos.
3. Inúmeras vantagens sequer imaginadas 55

16ª Mensagem

1. Nos planos mais iluminados.
2. O impacto da energia do bem e do mal.
3. Como por exemplo, eu cito Nicolas Tesla 57

17ª Mensagem

1. Amorosa acolhida arrebatadoramente linda.
2. Vencido pelo envolvimento material e subjacente.
3. Assim que a reforma global for intensificada 59

18ª Mensagem

1. O grande número de iluminadas entidades.
2. Para evitar que o mal prolifere.
3. Outro sol com maior irradiante luz e amor 61

19ª Mensagem

1. A limpeza psíquica tanto da face quanto da aura.
2. Um raríssimo tesouro.
3. Atos dantescos que tiveram de praticar 63

20ª Mensagem

1. Terríveis sobrecargas psicossomáticas.
2. A desintegração planetária tem início.
3. Para despertar a consciência, compreensão e amor 65

21ª Mensagem

1. Sacrifícios e renúncias do medianeiro.
2. A soberania espiritual deve ser mantida.
3. Na hora e local errados 67

22ª Mensagem

1. Alterações na atração magnética da lua.
2. Megaforças magnéticas criadas pelo alinhamento dos planetas.
3. O imprevisível em toda orla marítima 69

23ª Mensagem

1. As fronteiras das limitações humanas.
2. Presos e limitados pelos dogmas religiosos.
3. O importante é ser lúcido, livre, sensível e capaz de sentir tudo a volta 71

24ª Mensagem

1. O remédio certo para libertá-los do mal.
2. Saibam conquistar um belo galardão de luz.
3. Sem nunca terem o menor alívio 73

25ª Mensagem

1. Livres dos impulsos ilusórios e consequentes.
2. Imporia nas boas normas.
3. A vida livre quase flutuando no ar 75

26ª Mensagem

1. A lacuna deixada pela displicência.
2. Infinitamente concomitante com o progresso dual.
3. Hoje louco e sábio amanhã..77

27ª Mensagem

1. Acontecimentos de ordem transformatória.
2. O almejado objetivo deste trabalho.
3. Plena consciência da imortalidade espiritual........................79

28ª Mensagem

1. Ainda há necessidade de muita dor.
2. Incapaz de exercer a intermediação psíquica.
3. Ofusque o radiante sol que deseja te iluminar........................81

29ª Mensagem

1. Ardilosas armadilhas feitas pelas trevas.
2. Certificado de salvação aos adeptos.
3. Os parentes e amigos sentem um vazio muito grande..................83

30ª Mensagem

1. Ter tempo para cuidar da parte espiritual.
2. A busca duma ascensão mais rápida.
3. Cultuar a verdade, amor e fé..85

31ª Mensagem

1. Megatransição transformatória de ordem planetária.
2. Sem tempo de pensar a respeito.
3. Verdadeiro universo em evidência....................................87

32ª Mensagem

1. Banidos para outros planos evolutivamente mais atrasados.
2. Hino aos anjos.
3. "Não deem pérolas aos porcos"..90

33ª Mensagem

1. Prenúncio da fase transformatória.
2. Desanuviem a mente dos pensamentos deletérios 93

34ª Mensagem

1. Preparados para qualquer eventualidade.
2. O clima tempestuoso será uma constante.
3. Um futuro mais promissor para toda humanidade 95

35ª Mensagem

1. O diadema iluminado afasta os intentos maquiavélicos das trevas.
2. O núcleo atômico da célula.
3. Um paradoxo indefinido 97

36ª Mensagem

1. A perfídia existente na maior parte das famílias.
2. A liberdade espiritual.
3. O encontro de velhos inimigos 99

37ª Mensagem

1. Paixões carnais ainda primárias.
2. Completar o ciclo de encarnações.
3. Morosa evolução espiritual 101

38ª Mensagem

1. Aprender a conter o ímpeto.
2. Irrefutável intervenção Superior.
3. Onde o amor e a fé são a senha de entrada.................................. 103

39ª Mensagem

1. Durante a reforma global.
2. Aumentará o foco de luz do diadema.
3. Basicamente viver em dois planos 106

40ª Mensagem

1. Naves lotadas de passageiros deixam o planeta.
2. Intermitência no fluxo magnético dos demais planetas.
3. Falem com o nosso Senhor Jesus com pureza de palavras 108

41ª Mensagem

1. Inúmeros imprevisíveis acontecimentos transformatórios.
2. Creiam na existência da vida espiritual.
3. Cidadãos universalistas 110

42ª Mensagem

1. Entrar em fúria e contra-atacar.
2. Meditação com o nosso Senhor Jesus.
3. Tirar a venda da ambição material 112

43ª Mensagem

1. A passos de tartaruga.
2. O uso da mortalha.
3. Num mundo de coisas lindas jamais sonhadas 114

44ª Mensagem

1. O magma está aumentando a pressão sobre a crosta terrestre.
2. A paz mundial com a sólida união das nações.
3. Uma série de anomalias espirituais 116

45ª Mensagem

1. Os efeitos da frieza humana.
2. Com menos catástrofes e desencarnes desnecessários.
3. Descortinar as mil cortinas ilusórias 118

46ª Mensagem

1. Amorosas recordações dos mortais.
2. Chega de tamanha frieza espiritual.
3. Estreita cada vez mais os laços amigos 121

47ª Mensagem

1. Chafurdado no materialismo.
2. A chama que aquece o corpo físico.
3. Irmãos, não semeiem vento 124

48ª Mensagem

1. A falta de adeptos nos templos.
2. A chama real da vida imortal.
3. Com o calcanhar de Aquiles 126

49ª Mensagem

1. Para a solidão ser inevitável.
2. A retirada da venda dos olhos.
3. A âncora que prende o espírito 128

50ª Mensagem

1. Tudo será surpreendemente imprevisível.
2. Não haverá nenhum local seguro.
3. Facilmente assediado pelas forças do mal 130

51ª Mensagem

1. Hercúleo exemplo com extremo sacrifício.
2. Apostasia necessária.
3. Insondável mistério 132

52ª Mensagem

1. Apoio e proteção mesclados com o amor.
2. Mais duas casas planetárias ainda não evidenciadas.
3. Uma efêmera subjetiva possibilidade 134

53ª Mensagem

1. Não se deixou levar pelas paixões humanas.
2. De coração submisso ao Senhor Jesus.
3. A chance de saciar a vossa sede 136

54ª Mensagem

1. Estratégica mudança de planos.
2. Cordeiros do Senhor Jesus.
3. Estrada pedregosa e cheia de escarpas.. 138

55ª Mensagem

1. Edificantes palestras e preces.
2. Iniciar a grafar pequenas frases.
3. Como iniciante na psicografia... 140

56ª Mensagem

1. Uma doença espiritual.
2. A sensatez tem que prevalecer.
3. O amor é a chave que abre todas as portas.................................. 142

57ª Mensagem

1. A necessidade do alinhamento dos planetas.
2. Qual será a reação física após a retirada.
3. Até 180º da relação donde foi extraído 145

58ª Mensagem

1. Em busca de frívolas aventuras.
2. Espelho da alma.
3. Libertem esse poder 148

59ª Mensagem

1. Verdadeiras bombas aos supostos salva-pátria.
2. Semelhante a Sodoma e Gomorra.
3. Nuvem negra caindo sobre a cabeça dos poderosos 151

60ª Mensagem

1. Estabelecer a ordem e o progresso.
2. Liberdade demais estraga a própria liberdade.
3. A possessão das paixões humana.. 154

61ª Mensagem

1. Irmãos compromissados com um futuro mais promissor.
2. A esterilização em massa.
3. Só possível nas grandes reformas planetárias.............................. 157

62ª Mensagem

1. A corrida para o abismo.
2. Fim a esse fogo debelador.
3. Tudo a volta do espírito se desvanece.. 160

63ª Mensagem

1. Assim que a adolescência acabar.
2. O extermínio já ocorrido com outras raças.
3. Outros planetas áridos e estéreis... 163

64ª Mensagem

1. Uso empírico da energia nuclear.
2. Vazamentos radioativos fora de controle.
3. Gregos e Troianos se tornarão amigos inseparáveis.................. 166

65ª Mensagem

1. O início da retomada do antigo leito.
2. O planeta ao perigo da autodestruição.
3. A crise energética mal está começando....................................... 169

66ª Mensagem

1. Diante desse quadro desolador.
2. Salvará o planeta e toda a humanidade.
3. Com língua de anjo e coração de demônio.................................. 172

67ª Mensagem

1. Vai pôr fim à lavagem cerebral.
2. O esmagador avanço do mar.
3. Circulares manchas negras irradiando calor................................ 175

68ª Mensagem

1. A extração de petróleo no pré-sal.
2. Com o acelerador de partículas.
3. A recente queda do meteoro na Rússia 178

69ª Mensagem

1. Ressacas e *tsunamis* mais constantes.
2. Repetidos avisos que não devem ser ignorados.
3. Não manterão o reinado por muito tempo 181

70ª Mensagem

1. Um ótimo estágio com maior ascensão espiritual.
2. Todos os arsenais estão localizados.
2. A crise econômica cada vez maior 184

71ª Mensagem

1. A correção do desvio de eixo do planeta.
2. O tempo do recolhimento misterioso.
3. O criminoso desmatamento florestal 187

Prefácio

Este trabalho tem uma difícil função. Como todos os trabalhos de ordem espiritual, este também enfrenta muita dificuldade, pois não agradamos a fulanos e beltranos, e sim ao nosso Senhor Jesus. Todos quantos tiverem o discernimento de ver esse alto valor nos receberão de braços abertos, ou seja, este trabalho, para editá-lo e torná-lo público. O que não vai demorar para acontecer, sendo editado em todos os países; afinal trata-se de um trabalho de ordem global.

Os irmãos leitores sequer podem imaginar o quanto de sacrifício e dedicação foi preciso para que este trabalho chegasse ao atual desenvolvimento. Se eu fosse mencionar essa dedicação e sacrifício, especialmente por parte de nosso intermediário e de seus dois filhos, realmente seriam precisas muitas e muitas horas!

Quando os irmãos leitores começarem a ler este trabalho, o bem-estar que sentirão lhes legando bocejos e paz comprovará sua essência; a força espiritual contida. O esclarecimento legado pelo mesmo, já com muitos fatos comprovado, deixará os irmãos cientes de se tratar de algo muito profundo, como são todas as coisas ligadas à espiritualidade.

Esta obra possui o compromisso de legar esclarecimento a toda a humanidade no que tange à reforma global, e não se limita só a isso. Sendo impossível ficar sem tomar partido com tudo que está ocorrendo e fazendo toda a humanidade sofrer. Este trabalho entra em todas as áreas, legando esclarecimento e apontando soluções aos problemas que poderão ser evitados, caso haja empenho de quem tinha tal responsabilidade!

Ele aponta os graves problemas em decorrência da reforma global e do efeito estufa, causado pelo alto índice de poluição. O movimento das águas é cada vez maior e as consequências causam a falta de energia elétrica e até de alimento, com a agricultura sendo devastada; principalmente perto das margens dos rios e baixadas! Não parando nisso, também aponta a dificuldade na extração do petróleo e falta de combustível, paralisando os veículos nos países onde o desenvolvimento de novas tecnologias e substituição do motor a combustão interna pelo elétrico não foi feito.

Muito embora ainda poucos acreditem que a limpeza de cima para baixo em uma autêntica caça às bruxas seja real, ela não vai parar até que os poderosos ditadores escravocratas sejam tirados do poder e o povo seja libertado da escravidão!

Esclarecer a sociedade que a reforma global é a salvação para o planeta e toda a humanidade evidentemente é um macrocompromisso, como nunca houve outro igual. Porquanto em certos momentos vestimos a camisa de força e seguramente seremos chamados de loucos, como foram os irmãos que agora são reconhecidos como precursores do progresso! Temos amor à camisa, para tanto fomos escolhidos por nosso Senhor Jesus, portanto, haja o que houver, nada nos deterá até cumprirmos cabalmente essa missão. Todos quantos nos legarem ajuda serão regiamente recompensados pelo alto, e os que tentarem nos espezinhar sentirão a força de nossa proteção. No entanto, todos quantos de livre e espontânea vontade nos ajudarem na divulgação deste trabalho, ficarão surpresos com as dádivas que receberão.

Um trabalho como este, já aproximadamente com 40 anos, comprova sua alta finalidade, só possível quando se trata de uma abrangência mundial, que só é trazida do plano espiritual, quando um planeta vai entrar em uma reforma global e toda a humanidade necessita ser esclarecida, para que seja evitado o máximo possível o desencarne desnecessário.

Cada livro deste trabalho legará um horizonte mais amplo aos irmãos leitores, capacitando-os a ter maior compreensão em contato com seus irmãos de jornada. A luz recebida por este trabalho vai torná-los mais amorosos e sensíveis à dor e ao sofrimento do próximo: caminho que vai ajudá-los a ter maior ascensão espiritual e um retorno vitorioso, quando chegar a hora! Uma vitória realmente difícil, em razão de todas as circunstâncias que existirão na longa transição da reforma global, com "M" problemas, em que a solidariedade diminuirá a dor e sofrimento dos necessitados.

Haja o que houver, jamais deixem de fazer o contato diário em preces e meditação com nosso Salvador Jesus, obtenham o pão espiritual e não deixem o espírito enfraquecer. Sua projeção diária de energia vital fará grande diferença na diminuição dos graves problemas que infelizmente existirão, por serem inevitáveis. Haja o que houver, não entrem em pânico, para tudo sempre haverá uma saída protetora!

Deste amigo que tanto os ama.

Do seu amigo,

Mateus

Prólogo

Caro irmão leitor, vou procurar facilitar o máximo possível, para que sua leitura e assimilação do esclarecimento legado por este livro seja do maior aproveito físico e espiritual para o irmão e toda a sua família.

Sei que no começo da leitura, muito embora o tópico antecipado lhe legue a luz do que você está prestes a assimilar e o deixe confortável e em paz para o bem que o espera, a luz que vai fazê-lo ver tudo com maior entendimento e amor. Lendo este livro, o conhecimento físico e espiritual adquirido fará o irmão leitor passar por uma radical mudança, ser mais sensitivo, poder observar melhor tudo que se passa a sua volta e sentir a angústia e o sofrimento do próximo, o que sem nenhuma dúvida vai fazê-lo ser solidário e prestar auxílio aos irmãos e irmãs necessitados, quanto a tudo que está ocorrendo em todo o planeta, com a crise econômica, a corrupção e a exploração de toda espécie e forma, fazendo a miséria e a fome aumentar assustadoramente. Com a intensificação da reforma global longa, por sinal, para mais de 50 anos caso haja boa colaboração das grandes potências; sendo a paz mundial uma das mais importantes.

Este trabalho engloba de A a Z tudo que tange ao esclarecimento espiritual e ao futuro mais promissor para toda a humanidade. Com tudo que está começando a acontecer, mais a limpeza psíquica de cima para baixo em uma autêntica caça às bruxas, que mal está começando atender à súplica dos irmãos e irmãs vítimas de tanta injustiça e sofrimento, causado pelos poderosos ditadores escravocratas, que também já fizeram época e que já estão sendo afastados pela justiça Divina, pondo fim ao reinado de terror que logo acabará!

Com a luz legada pelo esclarecimento e orientação feito por este trabalho, evidentemente seria impossível um bom irmão não sofrer uma maravilhosa mudança, tão esperada por todos nós ligados a este trabalho espiritual com as bênçãos de nosso Senhor Jesus Cristo de Nazareth.

Como já disse no começo da leitura, será normal alguns irmãos terem certa dúvida quanto à veracidade deste trabalho. Procedimento que tem todo o nosso respeito, pois sabemos que o mesmo logo terá fim, assim que o irmão leitor começar a assimilar tudo que está lhe respondendo às indagações que ele nunca teve resposta. A luz vai entrar, aquecer e fortalecer o coração apenas enfraquecido pelo envolvimento material, que tem muito para legar aos necessitados.

A mudança será causada pela assimilação da força espiritual contida neste livro, que por sinal, pode-se dizer, vem do amoroso iluminado apóstolo Mateus. Isso sem nenhuma dúvida será comprovado pela mudança ocorrida ao irmão leitor, que a bem da verdade será outra pessoa, uma nítida mudança para melhor reconhecida e respeitada por todos que o conhecem. Portanto, só o esclarecimento legado sobre a reforma global e da maior parte das inevitáveis mudanças que vão ocorrer em todo o planeta, com tanta informação, evidentemente a pessoa só pode passar por uma grande mudança física e espiritual.

Quanto às repetições existentes em todo o livro, elas possuem o objetivo de fortalecer os irmãos leitores, pois o apóstolo Mateus sabe que as ilusões materiais são sumamente enfraquecedoras e que, portanto, essas necessárias repetições fortalecerão os irmãos, não os deixando praticar nada que comprometa a evolução espiritual.

Com tudo que está a caminho, receber o esclarecimento legado pelo apóstolo Mateus contido neste livro pode ser considerado de excepcional ajuda! Pois todo o esclarecimento e orientação legados por este trabalho evidentemente só poderia vir desse amoroso e iluminado apóstolo.

Quanto a mim, como o feliz psicógrafo que teve esse longo contato com esse iluminado irmão, sempre recebendo sua forte vibração amorosa, essa maravilhosa experiência realmente será inesquecível. Portanto eu tenho muito a agradecer ao apóstolo Mateus, pelos momentos maravilhosos que passamos unidos mentalmente elaborando este trabalho, contato através da psicografia que continuará até quando nosso Senhor Jesus permitir; dádiva Divina que agradecerei pelo resto de minha vida! Como já disse, querido irmão leitor, tanto eu quanto o apóstolo Mateus e todos os demais iluminados irmãos que nos precederam neste trabalho, sem dúvida temos uma alta dívida de gratidão com nosso Divino Mestre Jesus.

Esperançoso que o irmão leitor encontre a luz que sempre procurou e seja muito feliz, todos nós ligados a este trabalho já estaremos sendo recompensados e felizes.

Atenciosamente,

Pedro Quadrado

1ª Mensagem

1. A busca pela verdade. 2. O remédio certo para sarar dessa enfermidade espiritual. 3. Duma vez encarnado o espírito não se recorda da sua vida milenar.

AUTOR: MATEUS – DATA: 12.10.1982
Terça-feira

Glória ao Pai, ao Filho e ao Espírito Santo.

Amados irmãos encarnados, salve!

Mais uma vez, estamos reunidos para servirmos nosso iluminado Mestre e Salvador, nosso Divino Jesus Cristo de Nazareth.

Caros irmãos leitores, sei que de momento este trabalho poderá lhe parecer um tanto irreal e produto da imaginação do médium que o grafa. Se vocês pensarem assim, vão em frente e tentem vocês mesmos criar um trabalho idêntico. Se agirem dessa forma, parabéns: sua busca pela verdade realmente merece ser parabenizada por todos nós, pois em vocês existe uma ótima qualidade de um caráter firme e definido.

No entanto, se os irmãos realmente tentarem criar um trabalho idêntico a este, ou seja, grafarem pelo menos uma mensagem e se verem aquém de tal condição, os irmãos certamente poderão ver a responsabilidade, amor e fé que este trabalho necessita para poder ser feito. Portanto, amados irmãos, não há nenhum motivo para se sentirem deprimidos e com autocensura, muito pelo contrário: depois essa amorosa procura será coroada de êxito, com a verdade sendo encontrada. Ótimo, porque agora este trabalho espiritual lhes legará muito mais esclarecimento que aos demais irmãos, que infelizmente ainda não tiveram a força espiritual para fazer essa comprovação por si mesmos.

Irmãos leitores, se o assunto grafado nas linhas anteriores não contiver nada que desperte sua atenção, então o considere como uma amorosa advertência, para ajudá-los a compreender a inegável dúvida que ainda existe em muitos corações amorosos, que necessitam encontrar o remédio certo para sarar dessa enfermidade espiritual. Como os irmãos podem ver, a medicina ainda não possui nenhum medicamento que cure essa enfermidade. No entanto, nós jamais deixaremos esses irmãos à parte, muito pelo contrário, pois esses irmãos ocupam nossa maior preocupação em ajudá-los.

Nesse intercâmbio espiritual, temos acesso ao plano físico e deixamos grafado nosso trabalho, para que todos os irmãos tenham maior soma de esclarecimento espiritual e evoluam mais rapidamente. Sabemos que ainda existem muitos irmãos e irmãs que se contentam apenas com os bens materiais, mas também sabemos que existe uma grande maioria insatisfeita com as coisas materiais que buscam as espirituais: são irmãos que nós ajudamos lhes legando o esclarecimento e orientação, que lhes possibilite maior participação nas coisas espirituais.

A verdade os cerca e os irmãos não a veem, aprendam a enxergá-la e o mundo será pouco para suas vistas. Irmãos, estas palavras lhes parecem sem sentido? Se assim for, meditem nelas e entenderão tudo com muita facilidade. Amados, as coisas espirituais não podem ser ditas aos trancos e barrancos, para tomarem conhecimento das mesmas e usufruírem de seus benefícios, antes a cana tem de passar pelo engenho. Se os irmãos não se prepararem para as mesmas, obviamente não as terão, pois, para ser possível assimilar os ensinamentos espirituais, o corpo necessariamente tem de estar em harmonia com o espírito e ele com Deus!

Só o templo devidamente zelado poderá hospedar o Excelso Hóspede; ademais, a energia amor tem de desativar as demais, para o templo poder ser dignamente hospedado. Isso mostra a necessidade do contato diário em preces e meditação com nosso Salvador Jesus, mais a prática das boas obras dando liberdade ao coração, para dinamizar a energia amor.

Uma vez encarnado, o espírito não se recorda de sua vida milenar, mesmo porque, dentro dos requisitos necessários à mente humana, não possui capacidade para tal. Quando o espírito vai encarnar nesse plano, durante a gestação ele constrói o corpo de acordo com o determinado por sua missão, inclusive o tempo de vida necessário no cumprimento da mesma. Amados, entre o Céu e a terra há mais coisas do que possam imaginar, portanto, se desejarem diminuir as fronteiras de suas limitações espirituais; mãos à obra!

Meus amados, que as bênçãos de nosso Senhor Jesus estejam com todos vocês.

Deste amigo que tanto os ama.

Do seu amigo,

Mateus

2ª Mensagem

1. Abrangendo o passado, presente e futuro.2. Ações animalizadas ainda remanescentes. 3. Lucidez do espírito adquirida durante o sono.

AUTOR: MATEUS – DATA: 26.11.1982
Sexta-feira – Início: 11h23

Glória ao Pai, ao Filho e ao Espírito Santo.

Amados irmãos encarnados, salve!

Mais uma vez estamos reunidos para servirmos nosso iluminado Mestre e Salvador, nosso Divino Jesus Cristo de Nazareth.

Neste momento, com a bênção do nosso Senhor Jesus, estamos fazendo este trabalho espiritual com o intento de auxiliarmos todos os irmãos encarnados, o qual tem o sublime objetivo de legar o bem-estar e felicidade a toda a raça humana. Para tanto unimos nossas forças para transferir este trabalho ao plano físico. Com a bênção Divina, a contribuição de todos os demais espíritos, além de mim e de nosso instrumento intermediário. Nessa concentração de forças, com todos amorosamente fazendo parte do mesmo objetivo, conseguimos o pleno êxito deste trabalho: possibilitando a todos os irmãos encarnados desfrutarem de uma inédita soma de ensinamentos psicografados, para lerem, meditarem, se esclarecerem e desfrutarem o melhor possível de tudo para se iluminarem mais rapidamente.

Este inédito trabalho de cunho espiritual, em sua essência e conteúdo, está sendo urgentemente necessitado em todo o planeta. De posse de um ou mais volumes deste trabalho psicografado, o irmão leitor terá o esclarecimento e orientação espiritual que milhões e milhões de irmãos infelizmente ainda não tiveram.

Neste trabalho, os ensinamentos são ditados de espírito para espírito, transmitindo maior soma de esclarecimento e orientação já sintetizada pelos espíritos mais evoluídos, para ajudá-los a se esclarecerem e se iluminarem. Abrangendo o passado, presente e futuro, legando uma grande soma de esclarecimentos e orientação, objetivando auxiliar todos os irmãos a despertar a força espiritual; virtude, amor e fé!

Com este trabalho, procuramos deixar explícita a importância do aprendizado que todos estão fazendo nessa escola primária, com o propósito de ajudá-los a se desvencilhar de outras ações animalizadas, ainda remanescentes das fases evolutivas. Essa lucidez espiritual é sumamente necessária, para que vocês possam auxiliar seus irmãos de jornada, concomitantemente se beneficiando e também evoluindo mais rapidamente. Uma infinita ascensão espiritual que faz o espírito se projetar cada vez mais rumo a planos iluminados, com deveres e obrigações cada vez maiores!

Irmãos leitores pelas boas obras poderão aumentar sua edificação espiritual. No entanto, sem as mesmas o demais é nulo, quando encarnado e inconsciente da identidade espiritual, isto é, nos milênios decorridos no decurso da evolução, com o livre-arbítrio atendendo o amor e fé dentro do coração. Todos os irmãos possuem os mesmos direitos para evoluir o quanto desejarem, porém, com todos os envolvimentos que impedem a maioria de cumprir sua missão. Para invalidar essa atuação nociva, nosso Divino Jesus nos integrou neste trabalho espiritual, com o sublime objetivo de legarmos a maior soma possível de esclarecimento e orientação: evidentemente a necessária ajuda espiritual para todos os irmãos se libertarem dos envolvimentos nocivos, que fazem muitos irmãos fracassarem na missão.

Ademais, como brevemente este planeta vai entrar em uma grande reforma global, todos os irmãos precisam ser esclarecidos física e espiritualmente, para poderem assimilar todas as inéditas experiências que serão legadas. Além disso, dando estímulo para a vida intensiva legada pela lucidez do espírito, adquirida durante o sono do corpo físico, com o espírito se elevando para o plano espiritual e tendo conhecimento do seu período de tempo encarnado. Muito embora isso fique restrito ao espírito enquanto fora do corpo e que, de retorno, não se recorde de nada. Mesmo assim, os irmãos e irmãs começam a ter forte ansiedade e aderem à vida intensiva com alta adrenalina, como quem está procurando desfrutar ao máximo o pouco tempo restante.

Amados irmãos, não há tempo a perder, em curto prazo de tempo tudo tomará um novo rumo, portanto os irmãos que não estiverem bem

preparados física e espiritualmente terão poucas chances de se livrar das inevitáveis consequências que existirão. Prestes a estar em um mar tempestuoso, se os irmãos não construírem o salva-vidas (se espiritualizarem), dificilmente se salvarão do naufrágio!
Amados irmãos leitores, salve! Este irmão que tanto os ama lhes deseja muita luz, paz, amor e felicidade.

Do seu amigo,

Mateus

3ª Mensagem

1. Inúmeras fixações que não edificam nada. 2. A mente desordenada. consome muita energia mental. 3. Forças vitais impossíveis de serem supridas rapidamente.

AUTOR: MATEUS – DATA: 4.1.1983
Terça-feira

Glória ao Pai, ao Filho e ao Espírito Santo.

Amados irmãos encarnados, salve!

Mais uma vez estamos reunidos para servirmos nosso iluminado Mestre e Salvador, nosso Divino Jesus Cristo de Nazareth.

Com este trabalho desejamos dar nossa parcela de contribuição a todos os irmãos encarnados. Já em cima dos fatos, estamos enviando essa soma de esclarecimento, orientação e alertas, enfim, tudo o que nos for possível para ajudá-los a passar pela megatransição transformatória necessária ao planeta, a toda a humanidade e... Essa casa planetária necessita de uma inédita reforma global, para poder legar melhores condições evolutivas a um maior número de espíritos mais evoluídos, que encarnarão no cumprimento de importantes missões.

Velhos costumes e conceitos ultrapassados necessitam ser desativados o quanto antes, pois o intelecto em franco desenvolvimento necessita de maior coordenação, para evitar o atual dispêndio de energia mental em inúmeras fixações, que não edificam nada e só enfraquecem o corpo e espírito. Hoje em dia, infelizmente a maioria dos irmãos e irmãs sofre esse enfraquecimento mental, pois a mente desordenada consome muita energia vital nas fixações frustradas; normalmente de baixo nível moral. Para que possam entender melhor o que lhes estou transmitindo, eu torno explícito que a pornografia e outros manifestos de baixa moral sugam forças vitais impossíveis de ser supridas rapidamente!

Todos os irmãos encarnados precisam estar bem esclarecidos, para poderem usar o melhor possível o potencial criativo. A mente humana é uma poderosa usina com o potencial energético muito acima da energia atômica; se não usada no campo construtivo, causa a autodestruição.

Já é sumamente necessário saber utilizar a potente fonte de energia mentalizada pela mente, a qual, se em perfeita harmonia com as leis sutis que regem a vida em todos os planos, se torna uma potente usina de força, produzindo o progresso. Haja vista pela meditação, quando então em perfeita sincronia com o universo, que dinamiza uma potente soma de energia sumamente necessitada tanto pelo planeta quanto por toda a humanidade. Todos os irmãos e irmãs encarnados devem fazer a desobstrução mental de todas as fixações inúteis, que não realizam nada e causam um desgaste muito grande de energia vital, passível de impossibilitar a concretização de importantes projetos progressistas.

Para que possam assimilar melhor o esclarecimento legado anteriormente, na prática devem ocupar a mente em seu projeto, sendo que o demais fora de época deve ficar fora de sua polarização mental. Em verdade, quando um irmão passa a desejar certo invento, naturalmente ele começa a se materializar no plano mental, depois no causal e finalmente toma forma no plano físico. Tudo isso quando a mente livremente constrói seu evento no plano mental, evidentemente sem que haja nenhuma fixação mental, pois ela é sumamente nociva a qualquer atividade, tanto física quanto espiritual.

Portanto, meus amados, na prática do contato diário em preces e meditação com nosso Salvador Jesus certamente está a base fundamental para sua vitória física e espiritual. O corpo e espírito necessitam receber o fortalecimento diário legado pelo contato em preces e meditação, para protegê-los das investidas das trevas que dificultam o cumprimento da missão, a qual deve ter pleno êxito.

Meus amados, que haja paz em seus corações e que sejam saudáveis e felizes.

Deste irmão que tanto os ama.

De seu amigo,

Mateus

4ª Mensagem

1. Incontestável forte prova de amor e fé. 2. Nas malhas apertadas dessa peneira. 3. Respostas sumamente necessárias.

AUTOR: MATEUS – DATA: 3.2.1983
Quinta-feira – Início: 11h40

Glória ao Pai, ao Filho e ao Espírito Santo.

Amados irmãos encarnados, salve!

Mais uma vez estamos reunidos para servirmos nosso iluminado Mestre e Salvador, nosso Divino Jesus Cristo de Nazareth.

Tudo por um amanhã cada vez melhor!

Como já deve ser do conhecimento de todos os irmãos, esse plano passará por uma inédita reforma global, que inexoravelmente envolverá homens e animais. Portanto, com este trabalho estamos legando a maior soma possível de esclarecimento e orientação, objetivando ajudar todos os irmãos a se prepararem física e espiritualmente para a longa jornada de inéditos acontecimentos de ordem transformatória.

A bem da verdade, todos os irmãos devem se fortalecer espiritualmente, para que possam suportar todos os contratempos que existirão, sendo primordial o contato diário em preces e meditação com nosso Salvador Jesus. Com essa abençoada prática, fortalecidos e iluminados pela soma de luz obtida diariamente, se for necessário os agentes das Forças Superiores terão mais facilidade para localizá-los. Portanto, ao primeiro sinal de perigo, seu pedido de auxílio terá a imediata assistência, pois sua ligação diária com a Divindade criou uma verdadeira ponte de ligação, que facilitará a rápida intervenção se houver necessidade.

Há um crescente desregramento moral com os novos costumes que vão surgindo, os quais, diga-se de passagem, infelizmente estão sendo aceitos de bom grado por muitos irmãos. Nesse clímax de forte envolvimento criado pelo convívio de seus irmãos de jornada, ainda se deixa muito a desejar no que tange ao esclarecimento espiritual. Conseguir se manter afastado desse desregrado modo de viver realmente constituirá uma incontestável forte prova de amor e fé. Portanto pode-se concluir que serão poucos os irmãos que darão tal prova, os demais obviamente serão vencidos por não perseverarem até o fim!

Todas as dificuldades que existirão neste fim de século e ciclo serão provas mais que suficientes para separar os espíritos adultos dos ainda infantis. Atualmente, com todas as angulações sofrendo a ação fustigante do ainda incompreensível, que está tumultuando todas as coisas e criando o desemprego, fome e manifestos reivindicativos de todas as formas. Nas malhas apertadas dessa peneira, só passarão os que realmente amarem nosso Salvador Jesus, os demais por certo fracassarão.

Com a incredulidade, surgem as dificuldades criadas pelo desemprego e mais a desmedida ambição material, que se mostra preponderante os demais irmãos de jornada. Toda essa força negativa está em franco crescimento, alimentada pela mentalização dos irmãos e irmãs necessitados de esclarecimento. Esse potencial de força negativa certamente criará sérias consequências difíceis de ser desfeitas, daí, até que tais soluções existam, os irmãos por certo sofrerão intensamente.

Já tendo passado por remotas experiências, os irmãos leitores sabem muito bem que em uma reforma global, até que tudo esteja remanejado e começando uma nova etapa, os habitantes inevitavelmente sofrem inúmeras dificuldades. Porquanto até mesmo com a demolição de inúmeras cidades, os habitantes comprovam a megaimportância das ações transformatórias, concomitantes com os maravilhosos benefícios legados posteriormente.

A leitura deste livro lhes legará o esclarecimento da importância e prova, do porquê de tudo isso existir. Amados irmãos leitores, neste intercâmbio mental entre os dois planos com meu intermediário, mais a participação de iluminados irmãos maiores, estamos enviando um grande acervo de esclarecimento e orientação a toda a humanidade, com as necessárias respostas a todas as perguntas que serão feitas pelos irmãos, especialmente quando os acontecimentos transformatórios forem intensificados. Respostas sumamente necessárias para ajudá-los a assimilar as inéditas experiências, que serão transformadas em luz e resplandecerão ainda mais seus diadema. Portanto, irmão estagiário, não percam essa oportunidade de ouro, só possível quando uma casa planetária passa por uma reforma global!

Que os irmãos e irmãs sejam calmos, bons e honestos, haja o que houver mantenham-se nesse prisma e perseverem até o fim, pois só assim serão vencedores.

Deste amigo que tanto os ama.

Do seu amigo,

Mateus

5ª Mensagem

1. O verdadeiro caminho para a vossa salvação.2. O dito saco de fumaça. 3. Para ser possível caminhar encima d'água.

AUTOR: MATEUS – DATA: 25.2.1983

Sexta-feira – Início: 0h15

Glória ao Pai, ao Filho e ao Espírito Santo.

Amados irmãos encarnados, salve!

Mais uma vez estamos reunidos para servirmos nosso iluminado Mestre e Salvador, nosso Divino Jesus Cristo de Nazareth.

O tempo neste plano passa rapidamente e, com ele, os momentos que os irmãos ainda desfrutam de certa paz, pois, assim que as ações transformatórias tiverem início, o clima de insegurança será cada vez maior. Mesmo porque, para os abalos sísmicos conseguirem fazer a demolição das áreas inóspitas e impróprias às futuras demandas, eles terão de ser de grande intensidade. Daí o resultado que nem o próprio plano espiritual pode prever, em razão das muitas circunstâncias que podem criar soluções ou problemas. Conquanto se tornando fato consumado, todos os irmãos e irmãs previdentes que se mantiverem ligados à Divindade em preces, meditação e obras, terão toda a assistência espiritual necessária, só desencarnando se assim estiver designado na carta de vida. Caso contrário, terão toda condição física e espiritual para desfrutarem de uma maior soma de conhecimento e experiência, legada pelos acontecimentos em curso.

A Divindade, ou seja, nosso Senhor Jesus, deseja que toda a humanidade obtenha a maior soma possível de luz, sendo que para tal sublime evento lhes legou esta atual encarnação. Com essa explicação deixando os irmãos mais lúcidos, creio que conscientemente darão maior importância a tudo ligado à vida, e tratarão de aproveitar o melhor possível sua passagem por este plano.

Atualmente, conseguir viver afastado da vida intensiva, especialmente nos grandes centros urbanos, sem nenhuma dúvida, é muito difícil. Portanto, o irmão ou irmã cumpridor de seus deveres e obrigações, ao ser observado, lega um maravilhoso exemplo aos demais ainda aquém de tal modo de viver. Portanto não faz mal que sejam poucos, pois o pouco com Deus é muito! "Amar a Deus sobre todas as coisas e ao próximo como a si mesmo." Esse é o verdadeiro caminho para sua salvação; sem tão sublime manifesto, tudo mais estará irremediavelmente perdido!

A luminosidade deve ser de dentro para fora, caso contrário, a casa caiada na verdade será apenas o túmulo cheio de imundície. O coração e o cérebro devem estar unificados pelo amor e fé, para que a energia expandida possa prestar auxílio. Dentro de uma vivência em pleno acordo com a lei Divina está a força espiritual suficiente para prestar auxílio, sem mesmo quem de direito tenha consciência de tal condição. Esse esclarecimento, tal qual uma pequena fresta, pode legar um vislumbre da grande soma de luz dos irmãos e irmãs que vivem dentro do preceito Divino.

Irmãos, sejam indulgentes com todos os irmãos que pretendem prejudicá-los, pois esses infelizes irmãos desconhecem sua força espiritual. Assim sendo, na vã maldosa tentativa de prejudicá-los, eles serão auxiliados, pois só o amor pode desfazer o mal! Além do mais, não se deixem agrilhoar por tudo que pertença a essa vida, pois desencarnando nada terá o menor valor. Daí o dito saco de fumaça, as mãos abanando e o espírito sem luz; o fracasso total!

Enquanto encarnados, todos devem primar pelo bom uso e proveito ao máximo de tudo que possui, isso evidentemente sem ter o menor apego material nem abandonar os deveres e obrigações espirituais. Para ser possível coordenar os atos e ações de forma construtiva e progressista, há necessidade da lucidez mental só obtida pelos irmãos e irmãs que oram e meditam diariamente. Com isso, as forças das trevas não conseguem se aproximar, pelo fato de a luz e as trevas não se unirem. Para ser possível caminhar em cima d'água, o apoio da luz é indispensável. Poderosa fonte de energia, que ninguém jamais conseguiu somar seu potencial, a qual é capaz de legar possibilidades mil ao patrono.

Amados, quando desfrutarem de momentos beatíficos legados pelo total desprendimento dos grilhões materiais, finalmente saberão o valor da libertação espiritual das ambições materiais.

Sem luz e sem condições de se locomover por si sós no plano espiritual, infelizmente esse é o estado lamentável em que ficam todos os espíritos fracassados; no qual jamais queremos vê-los quando retornarem. Ademais, a supremacia do bem com toda proteção Divina protege todos os irmãos e irmãs de todo mal, inclusive do que foi citado nas linhas anteriores.

Amados, eu lhes desejo muita paz, amor e felicidade.

Deste irmão que tanto os ama.

Do seu amigo,

Mateus

6ª Mensagem

1. Dando prova dum nobre caráter. 2. A histeria coletiva. 3. Como se fosse desintegrar.

AUTOR: MATEUS – DATA: 10.3.1983

Quinta-feira – Início: 11h55

Glória ao Pai, ao Filho e ao Espírito Santo.

Amados irmãos encarnados, salve!

Mais uma vez estamos reunidos para servirmos nosso iluminado Mestre e Salvador, nosso Divino Jesus Cristo de Nazareth.

Neste momento, dando início a esta unificação física e espiritual, mais uma vez estamos trabalhando com a sublime finalidade de legarmos uma soma muito grande de esclarecimento e orientação, circunstancialmente necessária a todos os irmãos.

Irmãos leitores, este trabalho engloba uma soma tão grande de altas entidades que jamais sequer será possível saber o nome de todos os iluminados irmãos. Se, após assimilar o esclarecimento legado por este trabalho, certos irmãos ainda tiverem qualquer dúvida sobre sua veracidade, isso será ótimo! Pois esses amados irmãos que assim se manifestarem, evidentemente já estarão dando prova de um nobre caráter. Assim sendo, a leitura contínua deste livro, com todo o esclarecimento obtido lhes facultando interligar os fatos legados por este trabalho psicografado, por si só comprovará sua autenticidade. Então, despertos para a realidade de maior dimensão, os irmãos estarão aptos para vislumbrar coisas maravilhosas, facultadas pela inédita soma de esclarecimento e orientação legada por esta obra.

O plano espiritual em hipótese alguma pode enviar esclarecimentos de ordem restrita para o plano físico, pois evidentemente isso só cria a autoutopia, que não ajuda em nada os irmãos a se esclarecerem. Como já é do conhecimento geral, "muita luz cega", daí o porquê de nos limitarmos ao esclarecimento necessário, dentre outros, referente à reforma global que logo terá início. Objetiva-se prepará-los física e espiritualmente antecipadamente, para que possam aproveitar o melhor possível as inéditas experiências que serão legadas nessa longa reforma global.

Como os irmãos leitores não só podem, como realmente devem saber, quando envoltos pelos acontecimentos transformatórios com drásticas consequências, todos necessitarão ter plena lucidez sobre tudo que está ocorrendo. Caso contrário, pode ocorrer a histeria coletiva, que levaria a maioria ao pânico, com drásticas consequências sequer imaginadas.

Com este trabalho, objetivamos legar plena lucidez sobre tudo referente à inédita reforma global, como também sobre as necessidades espirituais atuais e futuras de toda a raça humana. Procuramos transmitir este trabalho com palavras simples de fácil assimilação, para que possa despertar o maior interesse dos irmãos leitores, inclusive na pesquisa do conteúdo deste livro. Amados, sem nenhum exagero este trabalho exige o alicerce de muita dedicação, amor e fé, para poder ser transmitido ao plano físico. Tanto isso é verdade que até certos irmãos de renome mundial de um momento para outro deixaram seu trabalho, tal qual uma lâmpada que foi desligada e apagou sua irradiação de luz.

Isso evidentemente não constitui nenhuma surpresa para o plano espiritual, que conhece minuciosamente todos os porquês que levam a esse redundante fracasso. Além do mais, se quem ocupa um posto de alta complexidade, que exige muita responsabilidade, não souber neutralizar o fluxo de corrente negativa, dirigida pelos seus irmãos de jornada contrários à sua atividade, obviamente esse irmão ou irmã com importante missão infelizmente será enfraquecido e deixará de exercer a atividade acima do Q.I. de seus irmãos de jornada.

Essa poderosa projeção de forças negativas unificada às demais existentes em todo orbe do planeta, quando direcionada a um irmão com um belo trabalho progressista, faz que ele se sinta como se fosse desintegrar. Portanto, sob essa forte atuação o ritmo cardíaco acelera, o calor aumenta e o coração parece que vai explodir; seguido de um grande exaurimento de forças vitais sugadas por essa corrente negativa! Conquanto se sentindo num profundo vazio, não conhecendo certas leis da relatividade, esse irmão ou irmã necessitará de muitas preces seguidas de longas meditações, para poder superar as consequências causadas pelo bombardeamento negativo.

No confronto da verdade, os irmãos que já alcançaram tal elevação espiritual, com o coração transbordante de felicidade, comprovarão essas irrefutáveis verdades. Para finalizar eu lhes digo que, muito embora os irmãos leitores desconheçam esses irmãos, o plano espiritual e as trevas os conhecem muito bem!

Amados, agradecendo por sua atenciosa leitura, eu me despeço.

Deste amigo que tanto os ama.

Do seu amigo,

Mateus

7ª Mensagem

1. Chafurdar no lodaçal da vida desregrada. 2. Fatores inexistentes no plano físico. 3. O calcanhar de Aquiles.

AUTOR: MATEUS – DATA: 30.3.1983

Quarta-feira – Início: 0h20

Glória ao Pai, ao Filho e ao Espírito Santo.

Amados irmãos encarnados, salve!

Mais uma vez estamos reunidos para servirmos nosso iluminado Mestre e Salvador o nosso Divino Jesus Cristo de Nazareth.

Tudo por um amanhã cada vez melhor!

Irmãos, o porvir por certo será belo e feliz para toda a humanidade, mas antes todos vocês terão de pagar o preço, legando sua amorosa parcela de contribuição, para que esse futuro promissor se concretize. Esse plano conta ainda com fortes ilusões, que desencaminham e fazem os irmãos chafurdar no lodaçal da vida desregrada. Se a vigília com o ininterrupto contato diário em preces e meditação com nosso Salvador Jesus não for mantida, obviamente o fracasso será inevitável!

Porquanto a contribuição na limpeza psíquica do negrume causado pelo agregado dos miasmas, das ondas nervosas e das demais influências maléficas, infelizmente existentes na face e na aura do planeta. Sem contestação, o compromisso assumido com a prática do contato diário em preces e meditação em favor da limpeza psíquica, mais seus atos e conduta de elevada moral, por certo os irmãos estarão cumprindo o anterior compromisso assumido no alto antes de encarnar.

Atualmente está se tornando um árduo trabalho legar assistência aos espíritos que retornam embrutecidos, por terem vivido em desacordo com a lei Divina. Esses espíritos sem nenhum esclarecimento espiritual realmente dão muito trabalho para ser esclarecidos, até mesmo para aceitar que já desencarnaram; por se sentirem vivos e atuantes até mais que antes! Espíritos que, ao passarem o pórtico da vida física para a espiritual, com os sentidos totalmente bloqueados pela vivência grosseira do apego material, não constatam a diferença da percepção muito mais ampliada e de outros tantos fatores inexistentes no plano físico. Causa preponderante que não os deixa aceitar que já desencarnaram, que resulta no intenso trabalho das entidades encarregadas de legar toda assistência necessária no restabelecimento da lucidez espiritual.

Irmãos leitores, seja lá qualquer que seja o motivo, não deixem de fazer seu contato diário em preces e meditação com nosso Salvador Jesus. Sejam fortes e determinados, pois só assim conseguirão manter seu compromisso com o plano espiritual. De acordo com sua atuação de assistência espiritual, a força das trevas usará de recursos mirabolantes para atraí-los, enfraquecê-los e desativá-los. Para esse intento, muitas vezes os irmãos e irmãs imprevidentes são usados pelas trevas, o que fatalmente redunda em um mal ainda maior. Todos os irmãos possuem o calcanhar de aquiles, o ponto vulnerável muito bem conhecido e atacado pelas trevas, para minar a resistência e fazê-los fracassar.

Amados, ao agradar a um Senhor, desagradarão ao outro! Agradar a dois senhores, isso é sumamente impossível! Meus irmãos, se seu falar não for sim-sim e não-não, por certo serão envolvidos em algumas complicações e não poderemos auxiliá-los. Portanto, saibam usar sua faculdade vocal, ela tem um poder muito grande quando usada adequadamente. Por meio da fala, do gesto e das atitudes todos serão avaliados; portanto, cautela irmãos!

Sem mais deste amigo que tanto os ama.

Do seu amigo,

Mateus

8ª Mensagem

1. Entre o berço e o túmulo. 2. A lucidez da imortalidade espiritual. 3. Um rápido lampejo.

AUTOR: MATEUS – DATA: 25.4.1983
Terça-feira – Início: 11h55

Glória ao Pai, ao Filho e ao Espírito Santo.

Amados irmãos encarnados, salve!

Mais uma vez estamos reunidos para servirmos nosso iluminado Mestre e Salvador, nosso Divino Jesus Cristo de Nazareth

Amados, entre você e o plano espiritual praticamente não existe nenhuma distância. O espírito é sempre o centro, mas ao encarnar e ser envolto pelo casulo carnal (corpo físico) com forma, espaço e tempo determinado, materialmente falando, ele fica restrito às condições e leis materiais. O corpo físico, sendo de matéria densa, é um valiosíssimo instrumento temporário que permite ao espírito atuar no plano físico. Assim que a missão é cumprida e o espírito deixa o corpo físico com o desencarne, com raríssima exceção, o casulo carnal começa imediatamente a entrar em decomposição.

Entre o berço e o túmulo, o espírito vai aumentando sua infinita ascensão espiritual. Conquanto deixo explícito que para nascer no plano físico, o espírito tem de deixar o plano espiritual por um determinado tempo e que, para retornar, ele também tem de deixar o plano físico. Portanto, quando o ser humano compreender essa realidade, já não haverá mais choro e lamentações nos desencarnes.

Meus irmãos, quando há um desencarne, todos os parentes e amigos do falecido devem agradecer à Divindade pela vinda e retorno desse espírito ao plano espiritual, pois esse espírito desfrutou de mais uma oportunidade para se iluminar. Esse retorno deve ser compreendido como impreterivelmente necessário, para que o espírito possa descansar e se refazer do enfraquecimento contraído na passagem pelo plano físico. Normalmente o desencarne só ocorre quando o tempo designado no cumprimento de cada missão esteja totalmente esgotado: exceto quando o próprio espírito, desrespeitando seu corpo físico, o submete ao excesso de trabalho, a extravagâncias e vícios extremamente nocivos que causam o desencarne prematuro.

Quem retorna ao plano espiritual necessita se desligar de tudo pertencente ao plano físico, para ficar em paz e poder repousar, sendo-lhe permitido receber somente as manifestações de amor de quem saudosamente não o esquece. Além disso, com a lucidez da imortalidade espiritual em busca de maior ascensão, tudo o demais fica perfeitamente compreensível, o que não significa dizer se tornar mais insensível, mas sim com maior amor e respeito a tudo existente entre os dois planos. Portanto, irmãos, aprendam desde já a enfrentar os fatos com coragem e determinação, pois os problemas pessoais só os próprios irmãos poderão resolvê-los. Mesmo porque as soluções lhes facultam receber maior soma de luz, conquistada pelo amor e fé com as boas obras em prol de vossos irmãos de jornada. Nesse instante fazendo um rápido lampejo, eu lhes digo que fora do amor, fé e boas obras, o restante serve apenas para preencher o tempo e nada mais. Irmãos, aprendam a usufruir de tudo dentro dos direitos humanos, tratem tudo com amor e não se apeguem a nada. Conquanto, ao deixar esse plano com o desencarne, certamente estarão livres do apego material.

Amados, eu lhes desejo muita paz, amor e felicidade.

Deste amigo que tanto os ama.

Do seu amigo,

Mateus

9ª Mensagem

1. Esse trabalho requer muita firmeza mental. 2. Capaz de fazer um simples mortal ser um instrumento. 3. Estejam com a bagagem pronta.

AUTOR: MATEUS – DATA: 5.5.1983
Quinta-feira – Início: 11h52

Glória ao Pai, ao Filho e ao Espírito Santo.

Amados irmãos encarnados, salve!

Mais uma vez estamos reunidos para servirmos nosso iluminado Mestre e Salvador, nosso Divino Jesus Cristo de Nazareth.

Todas as vezes que nos reunimos, damos graça ao nosso Salvador Jesus. Com esse manifesto, rendemos-lhe nosso agradecimento por nos ter legado tal graça. Em seguida iniciamos nosso trabalho, isto é, nosso intermediário aí no plano físico começa a receber e grafar o que telepaticamente lhe ditamos.

Caros irmãos leitores, este trabalho requer muita firmeza mental, pois no menor enfraquecimento da concentração mental, o médium perde o contato com quem está lhe ditando o trabalho. Portanto, este trabalho dificilmente poderá ser feito com muitas pessoas à volta do médium, exceto se em silêncio e mentalmente posicionados no campo do bem e do progresso.

Em virtude de todos os fatores que prejudicam o recebimento mental deste trabalho, nós o fazemos a sós com nosso instrumento mediúnico. Como os irmãos leitores podem ver, este trabalho realmente requer muita firmeza mental, tanto por parte do intermediário quanto de quem lhe transmite o trabalho do plano espiritual. Conquanto fica comprovada a força do amor e fé, capaz de fazer um simples mortal ser um intermediário que presta serviço aos dois planos. Amados, isso não é utopia, com amor e fé o impossível deixa de existir, portanto, enquanto a maioria vive na infantilidade espiritual, esses desbravadores irmãos alargam o horizonte do conhecimento e da lucidez espiritual.

Irmãos, tratem de arrumar a bagagem, tal qual quem a qualquer momento vai fazer a grande viagem sem volta, a começar pelo contato diário em preces e meditação com nosso Salvador Jesus. Deixem as infantilidades da vida fictícia e tratem de ser realistas, espiritualmente falando. Afastem-se dos que buscam a vida intensiva, sigam pelo caminho reto, sejam simples e amem seus irmãos de jornada. Estejam com a bagagem pronta, pois o retorno poderá se dar a qualquer momento.

Esse planeta logo entrará em reforma e o número de desencarnes será muito grande; nessa incógnita, desencarnar ou não será de acordo com a carta de vida de cada um.

Sem mais, deste amigo que tanto os ama.

Do seu amigo,

Mateus

10ª Mensagem

1. Grandes catástrofes criadas pela reforma global. 2. Graves alterações no curso da natureza. 3. Não estarão dando a chance de serem auxiliados.

AUTOR: MATEUS – DATA: 27.5.1983
Sexta-feira – Início: 0h05

Glória ao Pai, ao Filho e ao Espírito Santo.

Amados irmãos encarnados, salve!

Mais uma vez estamos reunidos para servirmos nosso iluminado Mestre e Salvador, nosso Divino Jesus Cristo de Nazareth.

Neste momento protegidos pela rede fluídica, para que este trabalho seja realizado sem nenhuma interferência, por ordem de nosso Salvador Jesus, estamos dando cumprimento ao trabalho a que nos propomos realizar.

Os planos espiritual e físico necessitam de sua contribuição espontânea e amorosa, tanto atualmente quanto assim que começarem a ocorrer as grandes catástrofes criadas pela reforma global, para a qual o planeta já está sendo preparado a longo tempo pela engenharia sideral. Para que isso seja comprovado, não há necessidade de nenhum dom especial, será o suficiente deixar um pouco o férreo materialismo, para que a mente possa fazer a conjuntura dos fatos em evidência. Tanto neste quanto nos demais países, o homem está fazendo graves alterações no curso da natureza, que as ações transformatórias vão corrigir e o preço evidentemente não será pequeno. Porquanto diariamente, prioritariamente, os irmãos precisam receber o fortalecimento espiritual, o que não implica nenhum esforço hercúleo, apenas de 15 a 30 minutos em preces e meditação em contato com nosso Senhor Jesus. Com essa maravilhosa prática diária, os irmãos receberão o fortalecimento físico e espiritual necessário, para ajudá-los a vencer todas as dificuldades e obstáculos do dia a dia, necessários ao cumprimento de sua missão.

Amados irmãos leitores, se infelizmente não derem crédito ao esclarecimento legado por este trabalho espiritual, evidentemente não estarão dando a chance de serem auxiliados por quem os ama tanto. Assim sendo, lamentavelmente a cana terá de passar pelo engenho, para poder legar o suco.

Espiritualmente falando o acaso não existe, tudo tem de ter a devida triagem que só o amor, a fé, o determinismo e as renúncias podem legar êxito. O plano espiritual jamais dotará de forças paranormais a quem quer que seja, sem que tenha passado vitorioso pelas difíceis provas submetidas. Ademais, dotar alguém com dons paranormais, convenhamos, irmãos, é muito perigoso. Por mais que o espírito esteja em vigília, as manifestações criadas pelo invólucro carnal são imprevisíveis. Como prova do que lhes estou dizendo, o plano espiritual já possui inúmeros exemplos, sendo que, para desativar os dotes paranormais, evidentemente foi muito mais difícil que legá-los, pois desativá-los implica muitas consequências que não podem ser evitadas. Daí, para ingressar nesse caminho sem volta, antes é necessário plena lucidez sobre o que está sendo assumido ao dar tal passo. Para quem busca tal meta, a recompensa evidentemente será maior que todos os sacrifícios, tão somente se perseverar até o fim.

Amados, eu lhes desejo luz, paz, amor, saúde e muita felicidade.

Deste irmão que tanto os ama.

Do seu amigo,

Mateus

11ª Mensagem

1. Atos em desacordo com a lei Divina. 2. Um jogo de palavras dogmáticas. 3. A cura de velhas enfermidades crônicas.

AUTOR: MATEUS – DATA: 29.7.1983
Sexta-feira – Início: 11h45

Glória ao Pai, ao Filho e ao Espírito Santo.

Amados irmãos encarnados, salve!

Mais uma vez estamos reunidos para servirmos nosso iluminado Mestre e Salvador, nosso Divino Jesus Cristo de Nazareth.

O plano espiritual e o físico necessitam da colaboração participativa de todos os irmãos e irmãs, que desejem servir nosso Salvador Jesus, ainda mais agora com tantas dificuldades causando atos em total desacordo com a lei Divina. Assim sendo, toda ajuda espontânea circunstancialmente sempre será muito bem-vinda. Isso, para os irmãos que desejam alcançar maior ascensão espiritual, obviamente é a condição ideal, mesmo porque, para tal objetivo, os mesmos foram enviados pela Divindade, por saber as inúmeras oportunidades que esses irmãos teriam nessa encarnação. Conquanto haja condição física e espiritual de conseguir a promoção necessária, para não precisar serem afastados desta casa planetária.

Meus queridos irmãos, sei que, por falta de esclarecimento, a explanação feita nas linhas anteriores, em certos casos, infelizmente poderá ser considerada como um jogo de palavras dogmáticas com outros interesses. O que não muda em nada nosso amoroso objetivo, porque, além do mais (por circunstâncias que estão aumentando a descrença), antecipadamente já contávamos com essa infeliz manifestação. Ademais, já sabíamos que as forças negativas não ficariam indiferentes, diante de nosso trabalho de esclarecimento espiritual.

Em regra geral, quando se dá início a um bom trabalho, seja ele qual for, sempre haverá opositores que tentarão destruí-lo, por ele simplesmente dificultar ou até impedir as ações opostas dos demais. Como meus irmãos leitores podem ver claramente, fora da infantilidade espiritual, se sabe decor e salteado que jamais existirá uma ação que não tenha reação oposta.

As preces e meditação em contato com a Divindade elevam o espírito a um campo vibratório que o beneficia de inúmeras formas, entre tantas, por exemplo: a cura de velhas enfermidades crônicas até então incuráveis, uma vivência feliz, muita paz interior, a pessoa que inspira a confiança da maioria; um líder nato! Tudo isso porque as forças das trevas não conseguem vencer esses irmãos.

Amados, haja o que houver, não arredem o pé de sua vida honesta, ordeira e progressista, seja lá em que circunstância for, mantenham-se nesse posicionamento e estarão a salvo das consequências, que infelizmente envolverá os irmãos espiritualmente imprevidentes.

O movimento reivindicatório será cada vez maior e, com ele, a violência, causando muitos desencarnes sem que os objetivos sejam alcançados. Portanto, todos os irmãos leitores precisam saber que a obtenção das reivindicações com o resultado feliz para todos evidentemente não pertence a este século. Logo, não aderir aos movimentos reivindicativos excitando a violência sem dúvida será o melhor a ser feito!

Amados, aceitem meu amoroso abraço.

Deste amigo que tanto os ama.

Do seu amigo,

Mateus

12ª Mensagem

1. Grande dispêndio de energia vital. 2. O veículo que pode transportá-los para esplendorosos planos. 3. Aprendam a fortalecer a energia Divina.

AUTOR: MATEUS – DATA: 9.9.1983
Sexta-feira – Início: 0h25

Glória ao Pai, ao Filho e ao Espírito Santo.

Amados irmãos encarnados, salve!

Mais uma vez estamos reunidos para servirmos nosso iluminado Mestre e Salvador, nosso Divino Jesus Cristo de Nazareth.

Tudo está ficando cada vez mais difícil inclusive para fazer este trabalho, por haver uma série de fatores que dificultam muito o recebimento da emissão mental. No entanto ele nos deixa muito feliz, por todo o bem que sem dúvida será legado a toda a humanidade: uma grande responsabilidade pesando em nossos ombros, que nos honra e nos deixa sumamente felizes.

Fizemos esse esclarecimento para que os irmãos leitores possam ver claramente a grande abrangência do objetivo a ser alcançado. Prosseguindo neste trabalho de caráter global, já está faltando uma série de fatores que proporcionavam uma vivência mais equilibrada e feliz. Atualmente, com tanta instabilidade em todas as áreas, essa conjuntura de fatos em plena atuação não está permitindo uma vida calma, saudável e feliz. Ademais, a preocupação relacionada no transcorrer do dia seguinte, sem nenhum indício que indique se será bom ou ruim, está se tornando em um grande dispêndio de energia vital sumamente enfraquecedor. Sufocados por todas as dificuldades existentes, os bons sentimentos estão desaparecendo e as pessoas infelizmente estão se tornando frias, calculistas e competitivas.

O amor, sendo uma fonte de energia que mantém o coração aquecido e sensível à dor e sofrimento do próximo, não pode de forma alguma ser extinto. Atualmente há uma grande carência de bons ensinamentos que ajudem a aumentar esse calor nos corações; sem essa dinâmica que gera o progresso, tudo o mais deixa de existir.

Irmãos leitores, sejam amorosos, espalhem essa semente por onde forem, assegurem uma próspera colheita e aumentem sua energia vibratória, o veículo que os transportará para planos iluminados. O contato diário em preces e meditação antes de dormir, feito em um cantinho aconchegante de seu dormitório. Essa maravilhosa prática cultuando nosso Senhor Jesus construirá o veículo que pode transportá-los para esplendorosos planos. Meus amados, não deixem que a maravilhosa chama do amor enfraqueça em seu coração, aprendam a fortalecer a energia Divina, tenham fé e mantenham-se no caminho honesto, ordeiro e progressista. Cultuem a honestidade, o amor e a fé e sejam vitoriosos.

Amados, agradecendo por sua atenciosa leitura, eu rogo ao nosso Senhor Jesus que os abençoe e lhes legue muita saúde, amor e paz.

Deste amigo que tanto os ama.

Do seu amigo,

Mateus

13ª Mensagem

1. Aqui estaria um anjo. 2. Na pureza das criancinhas que podem ver os anjos. 3. Deslumbrante mundo de coisas lindas.

AUTOR: MATEUS – DATA: 9.11.1983
Quarta-feira – Início: 0h10

Glória ao Pai, ao Filho e ao Espírito Santo.

Amados irmãos encarnados, salve!

Mais uma vez estamos reunidos para servirmos nosso iluminado Mestre e Salvador, nosso Divino Jesus Cristo de Nazareth.

Na sequência de mensagens deste trabalho espiritual está o primordial objetivo de legar a maior soma possível de esclarecimento e orientação, suficiente para esclarecer e ajudar todos os irmãos a se conduzir pelo caminho virtuoso da vida.

Neste trabalho, se houvesse um irmão receptor à altura de poder assimilar o conhecimento, que legaria uma concepção de consciência de um parâmetro muito mais elevado. Se fosse preciso, sem nenhuma dúvida aqui estaria um anjo para ditar e, se necessário, até grafar seu angélico trabalho. A bem da verdade, tais entidades com tal elevação espiritual já estão integradas neste trabalho, isso evidentemente por nosso Senhor Jesus assim achar conveniente. Conquanto o que ainda não tinha sido revelado, agora está convenientemente podendo ser assimilado pelos irmãos leitores: crer ou não em tal relato fica ao encargo do amor e fé contido em seu coração, para Deus nada é impossível: "O que é pequeno para o homem, é muito grande para Deus"!

Meus amados, em seu âmago está a força do amor e fé, que mesmo os irmãos não querendo admitir, o esclarecimento legado nas linhas anteriores. Do fundo de seu coração, independentemente de sua vontade material, vem a confirmação real inquestionável do que lhes transmiti!

Como veem, tudo depende da pureza de seu coração, quadro vivo retratado na pureza das criancinhas que podem ver os anjos!

Irmãos, como é difícil acreditar que o envolvimento material com todas as quinquilharias desse plano causa a cegueira que impede sua participação em um deslumbrante mundo de coisas lindas, que existe e lhes pertence, mas que se torna indigno pelo peso excessivo do grosseiro materialismo e suas paixões. Perde a simplicidade da criancinha, o amor livre e singelo que as permite ter um alto campo vibratório. Perdendo essa chave, perdem esse tesouro que a Divindade lhes legou.

Sabemos que, enquanto neste plano, seu procedimento reto e amoroso constitui um constante desafio, mesmo porque muitas vezes sua boa ação não pertence ao que legam, mas, sim, ao que ensinam. Visto que não devem alimentar vícios e maus costumes de quem quer que seja, com isso no mais das vezes o bom amigo incompreendido se torna indesejável. Sempre devemos atender à campainha do coração, esta não tocando, seja lá qual for o objetivo exposto, sem dúvida é falso!

As Forças Superiores, no mais das vezes, para auxiliar um irmão, antes têm de fazê-lo sofrer, para que a humildade e a simplicidade possam conduzi-lo pelo caminho reto. Como todos os meus amados irmãos leitores podem ver, o verdadeiro auxílio nem sempre é bem recebido, portanto, "nem todo mal é para o mal e nem todo bem para o bem".

Meus irmãos, sejam assíduos praticantes do ininterrupto contato diário em preces e meditação com nosso Salvador Jesus. Essa prática manterá acesa a chama do amor e fé em seu coração, não os deixando serem férreos materialistas insensíveis, que infelizmente fracassam a missão.

Deste amigo que tanto os ama.

Do seu amigo,

Mateus

14ª Mensagem

1. Como um bom cristão é inconveniente. 2. Que fuga apavorante. 3. Por que só o amor salva o homem.

AUTOR: MATEUS – DATA: 29.12.1983
Quinta-feira – Início: 11h45

Glória ao Pai, ao Filho e ao Espírito Santo.

Amados irmãos encarnados, salve!

Mais uma vez estamos reunidos para servirmos nosso iluminado Mestre e Salvador, nosso Divino Jesus Cristo de Nazareth.

Quando tudo já tiver alcançado o almejado objetivo, todos que acreditaram neste trabalho começarão a receber o galardão de luz a que fizeram jus. Conquanto os irmãos comprovem, que o amor e fé de quem serve nosso Senhor Jesus é maior do que tudo que esse plano possa oferecer. Evidentemente haverá os que sentirão prazer em tentar desprestigiar este trabalho, mas com isso esses infelizes irmãos tão somente conseguirão maior infelicidade.

Neste plano, independentemente da época ou localidade, os cristãos sempre foram perseguidos. Vejam, meus irmãos, como um bom cristão é inconveniente, quando os que estão à sua volta são amantes da vida sem compromisso e responsabilidade. Como ele tira o prazer, sem dizer nada ele incomoda os demais que têm a consciência acusando-os incansavelmente; tudo isso faz parte de quem leva luz onde há trevas! Os irmãos leitores já imaginaram a reação dos espíritos das trevas, quando de súbito veem alguém portando um iluminado foco de luz no diadema? Que desespero! Que aflição! Que fuga apavorante! Tudo isso acontece todas as vezes que um seguidor do Senhor Jesus leva luz aonde há trevas. Em síntese, tudo isso acontece quando um irmão que ora e medita diariamente se aproxima de um local onde há discórdia e manifestações outras criadas pelos espíritos das trevas.

Irmãos leitores, se sua fé é fraca e qualquer inconveniente já os faz duvidar, isso realmente não é bom, mas, mediante todos os fatores ligados aos irmãos encarnados, o plano espiritual sempre dá um desconto. A verdadeira fé deve ser como um remanso de águas calmas, que nada altera seu curso normal e objetivo. O amor é a força que liberta a energia vital, tal qual o remanso de águas ininterruptas de um riacho que jamais deve ser bloqueado; assim sendo, quem tentar bloquear essa força Divina terá o necessário para não tentar novamente. Os termos das leis Divinas são atribuídos a todos e estão ao alcance de quem desejar segui-los, portanto, por mais que se tente, jamais será encontrada uma razão que justifique sua desobediência.

Amados, os espíritos caminham ao lado dos mortais, acompanhantes invisíveis sequer notados, principalmente pelos irmãos dominados pelo materialismo e totalmente insensíveis aos manifestos espirituais. O materialista, na insaciável busca da fortuna e poder, sobrecarrega o corpo físico com muito trabalho, causa o exaurimento mais rápido das forças vitais e retorna prematuramente de mãos vazias para o plano espiritual; por tudo que possuía pertencer ao plano físico.

Neste plano ninguém consegue enganar a ninguém, a não ser a si mesmo, pois o que se faz hoje, amanhã será visto inúmeras vezes. O plano espiritual não deixa por menos, cada qual terá de ver e rever inúmeras vezes seus atos praticados, até que o espírito tome consciência principalmente da intensidade do mal praticado. Essa reflexão é obrigatória a todos os espíritos assim que retornam para o plano espiritual, isto é, assim que o espírito já esteja em condição de fazer essa necessária reflexão.

Meus amados, bonança, saúde, doença, dor e pranto, em síntese, tudo isso faz parte do currículo nessa encarnação. Assim sendo, tudo deve ser aceito com amor, ou a revolta aumentará ainda mais todos os problemas, fazendo os irmãos terem de recomeçar tudo em outra encarnação. Com esta explicação, acredito que agora os irmãos podem compreender melhor porque só o amor salva o homem!

Sem mais, muito embora desejoso de estar mais tempo neste trabalho, mas impossibilitado de tal ensejo, desejando a todos muita paz, amor e felicidade, eu me despeço.

Do seu amigo,

Mateus

15ª Mensagem

1. A reforma global que vai haver neste planeta. 2. Como se lhes tirasse a venda dos olhos. 3. Inúmeras vantagens sequer imaginadas.

AUTOR: MATEUS – DATA: 25.1.1984
Quarta-feira – Início: 1h15

Glória ao Pai, ao Filho e ao Espírito Santo.

Amados irmãos encarnados, salve!

Mais uma vez estamos reunidos para servirmos nosso iluminado Mestre e Salvador, nosso Divino Jesus Cristo de Nazareth.

Neste trabalho de cunho excepcionalmente espiritual está a confirmação do auxílio aos irmãos sedentos de conhecimento. Portanto, assim como neste momento eu estou transmitindo meu trabalho, pelo mesmo processo inúmeras iluminadas entidades também darão sua contribuição. Conquanto os irmãos leitores tenham em mãos uma obra com a fabulosa soma de esclarecimento e orientação, que veio com o primordial objetivo de preparar toda humanidade, para a reforma global que vai haver neste planeta. Nesta obra, os irmãos sedentos de conhecimento encontrarão a fonte para saciar a sede espiritual, pois, como já disse, ela tem a contribuição de incontáveis iluminadas entidades.

O plano espiritual não pode perder muito tempo com os irmãos encarnados que ainda estão indefinidos, por obviamente ainda necessitarem de um longo tempo para poder deixar a indefinição e começar a legar sua parcela de contribuição em prol dos necessitados. Portanto, em virtude da necessidade do crescente aumento de auxílio aos necessitados, o plano espiritual está legando maior assistência e força paranormal aos servidores da Divindade, que prestam assistência dual aos necessitados; encarnados ou não! Logo, todos os irmãos que passarem a orar e meditar diariamente já estarão legando sua parcela de contribuição ao planeta e a toda a humanidade.

Amados, atualmente tudo fica cada vez mais difícil, o bom posicionamento mental encontra desafios a todo instante e a bondade é confundida com a tolice. Conquanto se devendo ao endurecimento dos corações, causado pela falta de esclarecimento espiritual, fazer o bem realmente já não está sendo nada fácil! Assim sendo, nem sempre o bem faz o bem, nem o mal a maldade, muitas vezes os papéis se invertem graças à experiência e reação, que mostra por A a Z o significado das boas e más ações.

Meus amados, infelizmente só a experiência sofrida na própria carne consegue legar a lucidez espiritual. Ela se assemelha a tirar a venda dos olhos, possibilitando-os ver claramente quão é importante o sofrimento, capaz de legar luz, amor e fé, a sensibilidade com possibilidades "M" ainda desconhecidas pela maioria dos irmãos.

Irmãos, o planeta brevemente vai passar por uma longa reforma global, o que significa dizer uma fase tumultuada de acontecimentos transformatórios, responsáveis por muito sofrimento, com alto número de desencarnes, para adequar o planeta em poder atender todas as crescentes demandas da humanidade para mais seis a oito milênios, sem que haja necessidade de outra reforma global em tal magnitude, tanto na superfície quanto no subsolo.

Após a reforma global ser concluída, toda humanidade desfrutará de inúmeras vantagens sequer imaginadas e será muito mais feliz. Os espíritos que vão encarnar já não terão os inúmeros problemas e dificuldades ora existentes sumamente prejudiciais, que fazem os irmãos sofrer horrivelmente. Haverá mais tempo para o estudo e lazer, com todos os irmãos podendo estudar o que desejarem, pois o desenvolvimento do intelecto terá prioridade para poder atender atividades mais complexas. Só para os irmãos leitores terem uma vaga ideia, a atividade hoje exercida por um operário, amanhã será por um engenheiro.

Meus amados, eu lhes desejo muita paz, amor e felicidade, a resplandecente luz Divina aquecendo seu coração.

Deste amigo que tanto os ama.

Do seu amigo,

Mateus

16ª Mensagem

1. Nos planos mais iluminados. 2. O impacto da energia do bem e do mal. 3. Como por exemplo, eu cito Nicolas Tesla.

AUTOR: MATEUS – DATA.3.2.1984
Sexta-feira – Início: 0h25

Glória ao Pai, ao Filho e ao Espírito Santo.

Amados irmãos encarnados, salve!

Mais uma vez estamos reunidos para servirmos nosso iluminado Mestre e Salvador, nosso Divino Jesus Cristo de Nazareth.

Caros irmãos, saibam que, enquanto neste plano, viver voltados apenas para suas necessidades não vai ajudá-los a conseguir maior evolução espiritual. Portanto, dentro de sua vida amorosa e construtiva, espiritualmente o próximo deve ocupar o prioritário lugar de destaque. Pois quando amorosamente auxiliado, pelo poder de Deus ele lega maior auxílio que o recebido, ajudando os amorosos irmãos a conseguirem a promoção para outros planos mais evoluídos. Simplesmente porque, lhes prestando auxílio, os irmãos serão auxiliados na conquista de uma felicidade sequer imaginada.

Amados irmãos leitores, se vocês ainda não estão compreendendo o quanto significa o esclarecimento versado nas linhas acima, não fiquem tristes, porque certamente vocês não serão os únicos com essa dificuldade, pois esse ensinamento diz muito a quem já possui maior esclarecimento. Logo, se ainda esse não for seu caso, não fiquem contristados, antes, sim, procurem ficar em harmonia e verão como essa manifestação de amor é maravilhosa.

Nos planos mais iluminados, enquanto os novos hóspedes não se afinam com as manifestações oriundas, eles sentem exatamente as mesmas manifestações já citadas linhas atrás. Portanto, na ascensão espiritual o trabalho, o aprendizado e o desenvolvimento do amor e fé são infinitos:

o espírito com a insaciável sede de conhecimento estará sempre procurando aumentar seu potencial, para ajudar construir um futuro mais promissor a toda a humanidade.

Meus amados irmãos leitores, a espiritualidade é uma ciência, que no mais das vezes não encontra eco nos vales áridos dos corações endurecidos pelo materialismo, com ações competitivas, frias e calculistas, que só o resultado egoísta satisfaz o ambicioso materialista. Os irmãos bem-intencionados, ao procurar transmitir essa ciência, com o impacto da energia do bem e do mal com ação e reação oposta, não raro são friamente rechaçados.

Meus amados, ainda há tempo para conquistar sua permanência neste plano. Os que desejarem tal concessão devem imediatamente aderir à prática do contato diário em preces e meditação como nosso Salvador Jesus; preferivelmente antes de deitar. Essa abençoada prática, mais as boas obras com projeção mental amorosa até nas mínimas ações, é própria de quem busca luz e progresso! Por certo, ainda nessa encarnação conquistarão uma boa soma de luz para seu diadema.

Este plano é o grande palco onde os espíritos encarnados possuem a oportunidade de evoluir mais rapidamente, por intermédio do conhecimento adquirido com a experiência legada por "M" sensibilidades fortemente emotivas só existentes no plano físico; necessidade de aprendizado básica, pertencente à imortalidade do espírito.

Por este plano já passaram inúmeras entidades, que trabalharam arduamente para espiritualizar os irmãos de jornada e ajudá-los a progredir espiritualmente. Se os irmãos leitores prestarem atenção, verão que na história universal está registrado o nome de valorosos irmãos batalhadores com importantes descobertas fora de época, que foram perseguidos, roubados e silenciados. Como exemplo, eu sito Nicolas Tesla, sendo posteriormente reconhecido, por suas invenções tão importantes para toda a humanidade. Batalhadores irmãos, com muito amor e fé, que ninguém jamais conseguiu frustrar seus objetivos!

Meus amados irmãos, não existe nada que possa barrar o progresso, portanto, irmãos progressistas, fiquem tranquilos, pois nada conseguirá barrar seu trabalho em prol de toda a humanidade.

Deste amigo que tanto os ama.

Do seu amigo,

Mateus

17ª Mensagem

1. Amorosa acolhida arrebatadoramente linda. 2. Vencido pelo envolvimento material e subjacente. 3. Assim que a reforma global for intensificada.

AUTOR: MATEUS – DATA: 15.2.1984
Quinta-feira – Início: 0h45

Glória ao Pai, ao Filho e ao Espírito Santo.

Amados irmãos encarnados, salve!

Mais uma vez estamos reunidos para servirmos nosso iluminado Mestre e Salvador, nosso Divino Jesus Cristo de Nazareth.

Irmãos leitores, sua contribuição, com as demais legadas pelos irmãos e irmãs ligados a este trabalho, será de fundamental importância. Neste trabalho de esclarecimento e orientação, toda ajuda amorosa será muito bem-vinda e recebida de braços abertos. Amorosa acolhida arrebatadoramente linda, que os irmãos leitores sequer poderão imaginar! Nessa altura dos fatos, sei que o irmão leitor interessado perguntará: como e de que forma posso ajudar? Respondendo, eu digo: simples, apenas trabalhando na difusão destes ensinamentos, ajudando seus parentes e amigos a terem em mãos um volume deste trabalho, para que também se esclareçam espiritualmente.

Essa corrente solidária criará um elo tão forte que ajudará este trabalho a atingir mais rapidamente seu nobre objetivo. Tendo-se em vista que todos os volumes de esclarecimento provenientes desse trabalho espiritual logo estarão à disposição de todos os leitores em todos os países! Esclarecendo e preparando toda a humanidade para a inédita reforma global com uma longa e difícil jornada, uma oportunidade de ouro para ajudar todos os irmãos a evoluir mais rapidamente.

Amados irmãos, como venho incansavelmente dizendo, o contato diário em preces e meditação cultuando nosso Salvador Jesus terá suma importância em sua vida. Sem essa abnegada prática o espírito enfraquece, logo é vencido pelo envolvimento material e subjacente, o sofrimento toma conta e a missão fracassa! Se acaso houver qualquer dúvida a respeito, será suficiente que os irmãos leitores observem os férreos materialistas, para comprovar que eles não têm tempo para essa abnegada prática diária, por considerá-la pura perda de tempo e sem nenhum valor.

Irmãos espiritualistas, não percam seu precioso tempo tentando esclarecer os irmãos férreos materialistas, antes, sim, procurem transmitir seu conhecimento aos irmãos que desejam ouvi-los para se esclarecerem, se fortalecerem e poderem praticar as boas obras. Meus amados irmãos leitores, por onde forem levando a palavra amiga, esclarecedora e fortalecedora do amor e fé, nosso Senhor Jesus estará acompanhando-os nesse apostolado, levando luz aonde ainda há trevas.

Amados, assim que a reforma global for intensificada, a necessidade de auxílio físico e espiritual será cada vez maior. O que significa dizer que haverá muito trabalho com a oportunidade ouro de rápida ascensão, aos irmãos e irmãs que arregaçarem as mangas e trabalharem com afinco na prestação de auxílio aos necessitados.

A espiritualidade é um trabalho amoroso com a prática que lega abnegado resultado, que faz feliz a quem estava sofrendo. Para o irmão ou irmã espiritualizado com um trabalho altruísta, o plano espiritual lhe legará toda assistência. O que significa dizer que, de acordo com o trabalho na prestação de auxílio ao próximo, serão aflorados os dons mediúnicos necessários no pleno êxito do trabalho a serviço do alto.

Como esclarecimento final, nesta mensagem eu lhes digo que tudo sempre será legado segundo a necessidade do trabalho exercido, nem mais nem menos, tudo em prol da conquista feita pelo amor e fé, e tenho dito!

Meus amados, que haja luz, amor e fé em seus corações.

Deste irmão que tanto os ama.

Do seu amigo,

Mateus

18ª Mensagem

1. O grande número de iluminadas entidades. 2. Para evitar que o mal prolifere. 3. Outro sol com maior irradiante luz e amor.

AUTOR: MATEUS – DATA: 22.2.1984
Quarta-feira – Início: 0h25

Glória ao Pai, ao Filho e ao Espírito Santo.

Amados irmãos encarnados, salve!

Mais uma vez estamos reunidos para servirmos nosso iluminado Mestre e Salvador, nosso Divino Jesus Cristo de Nazareth.

Como os irmãos devem saber, este trabalho espiritual tem por primordial objetivo esclarecer e preparar toda a humanidade para a fase transformatória que logo terá início. Nele não há distinção de cor, raça, religião, ou seja lá o que for, pois ele é como o sol que indistintamente ilumina e aquece a todos. O grande número de iluminadas entidades ligadas a este trabalho prima pelo primordial objetivo de esclarecer, orientar e preparar todos os irmãos. Por conseguinte, deixá-los física e espiritualmente aptos a conviver com as grandes ações transformatórias na superfície e subsolo, causadas pela longa reforma global.

Irmãos, o bom posicionamento espiritual pode impedi-los de serem as próximas vítimas do violento atentado criminoso, que diariamente ceifa a vida de inúmeras pessoas, o que torna óbvio o aumento da fome, miséria e violência em todo o planeta. Portanto, a sensatez, humildade e ponderação devem estar em primeiro lugar, para evitar que o mal prolifere.

Os irmãos leitores devem ter sempre em mente que arrogância, egoísmo, demonstração de superioridade e tantas outras manifestações de desigualdade oprimem os irmãos de jornada. São manifestações de espíritos ainda muito atrasados, que necessitam passar por experiências com muito sofrimento, para que então, por meio da conquista de boas virtudes, deixem de vez todas essas ações em desacordo com a lei do amor. Em todos os universos sem fim os espíritos buscam incansavelmente a libertação do mal, o afloramento do amor, pondo fim às limitações impostas pela necessidade da experiência, para legar a consciência do bem e do mal.

O amor liberta e ilumina o espírito, isso sem que possa haver nenhuma contestação dentro da ascensão espiritual, o amor em franco desenvolvimento vai libertando o espírito, o que também pode ser considerado com maior possibilidade para poder prestar mais auxílio aos necessitados concomitantemente com o maior desenvolvimento do progresso dual. Portanto, como os irmãos leitores podem ver, à medida que um irmão vai adquirindo maior evolução espiritual, a responsabilidade e trabalho na prestação de auxílio aos necessitados também vai aumentando; nessa infinita ascensão.

Uma vez encarnado, a menor ou maior possibilidade está enquadrada na necessidade espiritual de cada estagiário. Em cada encarnação o espírito ainda não redimido tem a oportunidade de acertar velhas dívidas cármicas com outros irmãos, assimilar novos conhecimentos e tornar mais rápida sua remissão. Isso evidentemente quando ele já adquiriu a evolução espiritual, que prioriza o prosseguimento de sua ascensão em outro plano mais evoluído, onde a enfermidade, dor e pranto inexistem.

Sei que a limitação de compreensão causada pelos grilhões materiais impede a maioria dos irmãos de conhecer outro sol com maior irradiante luz e amor. O esclarecimento feito antes pode ser contestado por muitos irmãos com pouco esclarecimento espiritual, menos pelos que oram e meditam com objetivo definido. Assim sendo, sem necessidade de maior explicação, todos os irmãos leitores podem ver claramente que os irmãos que oram e meditam diariamente são mais felizes.

Meus amados, nosso Senhor Jesus aguarda sua amorosa aproximação, com o contato diário em preces, meditação e intercessão aos necessitados.

Desejoso de vê-los cada vez mais feliz, rogo ao nosso iluminado Jesus que os abençoe, ilumine e proteja.

Deste amigo que tanto os ama.

Do seu amigo,

Mateus

19ª Mensagem

1. A limpeza psíquica tanto da face quanto da aura. 2. Um raríssimo tesouro. 3. Atos dantescos que tiveram de praticar.

AUTOR: MATEUS – DATA: 13.3.1984
Terça-feira – Início: 11h35

Glória ao Pai, ao Filho e ao Espírito Santo.

Amados irmãos encarnados, salve!

Mais uma vez estamos reunidos para servirmos nosso iluminado Mestre e Salvador, nosso Divino Jesus Cristo de Nazareth.

Neste trabalho temos o dever de primar, para que tudo seja feito com o solidário desprendimento amoroso a todos os irmãos encarnados e desencarnados, pois nele temos a felicidade de servir nosso Salvador Jesus. Tanto o plano físico quanto o espiritual vão necessitar cada vez mais da ajuda solidária de todos os amorosos irmãos. Em decorrência dos momentos difíceis que não podem ser evitados, especialmente daqui para a frente sem o determinado tempo para ter fim! Tendo-se em vista que dentre tantas outras coisas, a limpeza psíquica tanto da face quanto da aura do planeta tem prioridade. Portanto, a projeção da força oriunda do contato diário em preces e meditação com nosso Senhor Jesus evidentemente será de grande ajuda.

No entanto, se esse plano não tiver essa participação responsável e amorosa, sem essa atenuante ajuda, as Forças Superiores terão de se utilizar de outros processos mais contundentes, para fazer a limpeza psíquica. Como a arbitrariedade humana ainda é uma ferramenta largamente utilizada, para satisfazer os mórbidos desejos dos irmãos e irmãs com pouco esclarecimento espiritual, as dificuldades existentes obviamente aumentarão ainda mais.

Para a fase final deste século, está prevista uma fase sumamente difícil para toda a humanidade. Os irmãos leitores devem entender que dentro dessa fase, envoltos nos inúmeros acontecimentos de ordem física e espiritual, também está uma raríssima oportunidade, para todos os irmãos passarem por novas experiências e assimilarem uma alta soma de conhecimento. Um raríssimo tesouro que só fica ao alcance dos irmãos a cada seis ou mais milênios, quando o planeta passa por uma reforma global.

Esta casa planetária é uma escola espiritual, criada pela Divindade para iluminar bilhões e bilhões de espíritos. Deturpada em sua essência, infelizmente está se transformando em um campo de violência, com muitos países se degradando há muitos anos. Essa violência toda terá de ser eliminada custe o que custar, mesmo porque já custou um alto preço a inúmeros espíritos envolvidos nos conflitos, os quais, além de desencarnar prematuramente, retornaram ao plano espiritual envoltos pelas trevas, dado os atos dantescos que tiveram de praticar.

Após a longa reforma global ser concluída, o processo guerreiro será sumariamente extinto e esta casa planetária será uma escola espiritual, com tudo para ajudar os estagiários a evoluir mais rapidamente! Inúmeros processos já superados serão sumariamente retirados pela reforma global, sendo que a partir do próximo século será prioritário primar pelo desenvolvimento do intelecto, com pobres e ricos tendo os mesmos direitos e condições, para estudar e desenvolver o Q.I. Com isso pondo fim a todas as barbáries, infelizmente ainda existentes em todo o planeta.

Meus amados, o refinamento espiritual é o caminho para a redenção, se não souberem conter as ações ainda animalizadas. Só convivendo com as mesmas por longo tempo em outro plano em condições adversas, os irmãos terão condição de progredir espiritualmente.

Amados, me despedindo, rogo ao nosso Salvador Jesus bênçãos para todos vocês.

Deste amigo que tanto os ama.

Do seu amigo,

Mateus

20ª Mensagem

1. Terríveis sobrecargas psicossomáticas. 2. A desintegração planetária tem início. 3. Para despertar a consciência, compreensão e amor.

AUTOR: MATEUS – DATA: 8.8.1984
Quarta-feira – Início: 1h40 – Término: 2h58

Glória ao Pai, ao Filho e ao Espírito Santo.

Amados irmãos encarnados, salve!

Mais uma vez estamos reunidos para servirmos nosso iluminado Mestre e Salvador, nosso Divino Jesus Cristo de Nazareth.

O plano espiritual não pode e não espera pela vontade indecisa de quem quer que seja, nisso consiste o segredo que leva a vitória a quem se propõe trabalhar na espiritualidade ou ao fracasso de quem se omitir. Com o refrão mencionado e a consciência desperta, o restante depende unicamente de cada um. Nesse plano existem milhares de formas para quem desejar servir a Divindade; só para terem uma vaga ideia do que estou lhes dizendo, basta querer ser útil para que inúmeros meios e recursos estejam ao alcance na prática da caridade. Meus amados, no dia a dia normalmente sempre surgem muitas oportunidades para se praticar a caridade, se assim desejarem. Visto que normalmente a maioria dos irmãos não atende sequer os pedintes enquadrados em seus esquema de evolução.

A espiritualidade é uma ciência que mostra claramente o valor das coisas simples e amorosas, o que no mais das vezes se torna desagradável para os irmãos posicionados em outra angulação de vivência, onde a consciência suporta terríveis sobrecargas psicossomáticas sumamente nocivas ao espírito e ao corpo físico!

O desamor vai lentamente sufocando o coração e a carga emotiva entediada e nociva, aumenta a violência e, concomitantemente, a involução espiritual. Consequências graves que, por ordem da Divindade, as Forças

Superiores intervêm para impedir, ou pelo menos diminuir essa consequente corrida regressiva para os espíritos.

Este plano, como todos os demais na imensidão do cosmo, tem por finalidade fornecer as inerentes experiências necessárias aos espíritos estagiários, para ajudá-los aumentar o conhecimento, a consciência, o amor, a fé e todas as demais virtudes pertencentes à infinita ascensão evolutiva.

Seja lá em qual for o plano, quando esses valores não estão sendo obtidos, fatos incompreensíveis (fenômenos) começam a ocorrer para chamar a atenção dos habitantes. No entanto, se todos os procedimentos usados pelas Forças Superiores não obtiverem o resultado desejado, então, não havendo outro recurso, a desintegração planetária tem início; o que dificilmente poderá ser impedido após ter início.

Outros planetas já desintegraram, em razão de sua inutilidade como escola, que tinha como primordial objetivo legar o progresso evolutivo aos espíritos estagiários. Porquanto se pode compreender, um dos principais motivos do planeta começar se desintegrar, pois sem o calor do amor humano a terra fica exaurida, perde o poder de germinação e acaba ficando árida. Conquanto, acredito já ter legado o esclarecimento suficientemente necessário para que os irmãos leitores possam comprovar a grandiosidade do amor. No entanto, se isso ainda não for o suficiente, infelizmente deixará muito a desejar. O que sinceramente espero não ser o caso dos meus irmãos leitores, por amá-los e não desejar vê-los sofrer, para despertar a consciência, compreensão e amor.

Como os irmãos podem ver, o plano espiritual não lega privilégios a ninguém sem que haja merecimento; o valor, respeito e assistência legada pelo alto são os atributos que identificam o irmão amoroso com um trabalho solidário aos necessitados. No âmago de cada espírito existe um potencial indistinto, com manifestações totalmente imprevisíveis tanto para o bem quanto para o mal. A utilização correta dessa força espiritual, normalmente ilimitada para produzir o progresso, depende apenas das ações do próprio espírito. Daí a consagração do valor do livre-arbítrio, ou seja, da árvore que produz bons frutos.

Meus amados, sejam simples, honestos e amorosos, e recebam as bênçãos do nosso Senhor Jesus.

Do seu amigo,

Mateus

21ª Mensagem

1. Sacrifícios e renúncias do medianeiro. 2. A soberania espiritual deve ser mantida. 3. Na hora e local errados.

AUTOR: MATEUS – DATA: 31.8.1984
Sexta-feira – Início: 2h45 – Término: 3h30

Glória ao Pai, ao Filho e ao Espírito Santo.

Amados irmãos encarnados, salve!

Mais uma vez estamos reunidos para servirmos nosso iluminado Mestre e Salvador, nosso Divino Jesus Cristo de Nazareth.

Irmãos, neste trabalho temos a feliz oportunidade de podermos transmitir a soma de conhecimento espiritual que possuímos. Portanto, sem ter um psicógrafo para receber e grafar nossa emissão mental, todo conhecimento que temos ficaria impossibilitado de ser transmitido ao plano físico e deixaria de ser utilizado no desenvolvimento do progresso dual. Em síntese, sem ter um medianeiro no plano físico e circunstancialmente dependendo de nossa encarnação, todo conhecimento que temos infelizmente ficaria retido aqui no plano espiritual por tempo indeterminado.

Todos quantos ligados neste trabalho, sabemos que a maioria dos irmãos infelizmente ainda não dá muito crédito à faculdade mediúnica da psicografia. Isso por enquanto, porque a partir do próximo século os irmãos darão total apoio, por saberem do real valor dessa faculdade, com tantos sacrifícios e renúncias do medianeiro.

Meus irmãos, em razão de as dificuldades serem cada vez maiores, o materialismo também está aumentando assustadoramente, concomitante com um povo mais ateu e agressivo. Os irmãos não devem deixar que o materialismo tome conta, custe o que custar a soberania espiritual deve ser mantida acima de qualquer interesse material; ademais, "sem luta não há vitória".

Todos os irmãos, enquanto encarnados, devem ser fortes, persistentes e objetivos quanto ao horizonte que desejam conquistar. Na espiritualidade nada é fácil, mesmo porque tudo que é bom é difícil; logo, se não houver renúncias e outros fatores que requerem determinação, amor e coragem, não há progresso espiritual.

Quem busca a espiritualidade acaba sozinho ou, quando muito, com poucos irmãos companheiros e participantes do mesmo grau e eflúvios espirituais. Essa ciência não admite charlatões que buscam reconhecimento sem trabalhar, pois, na busca da verdade, quem já está definido não tem a necessidade de se autoafirmar com o reconhecimento de terceiros. Na busca dessa ciência, o amor e fé são os principais adjetivos; com a força da pujança legada pela meditação, preces e boas obras, a sensibilidade ao sofrimento do próximo será uma linda manifestação amorosa.

Meus amados irmãos leitores, saibam neutralizar as más ações, que as boas virão espontaneamente e lhes legarão um mundo lindo, humano e cheio de calor. "O pouco com Deus é muito!" Porque esse pouco se transforma em um todo sem divisa ou dono. Meus irmãos, despertem para a verdadeira vida, onde a liberdade do coração puro age sem perguntar ou exigir nada de ninguém. Libertem-se da vida fria e calculista criada pelo materialismo, "Saibam dar a César o que é de César e a Deus o que é de Deus"! Orem e meditem diariamente e, seja lá por qual for o motivo, jamais interrompam esse fluxo contínuo de corrente positiva, necessária e recompensadora, pois nessa reflexão tudo será passado pela peneira de malha fina e terá o devido valor.

Os mestres estão sempre meditando, buscando conhecimento e adquirindo consciência mais minuciada de seus atos, procurando diminuir a soma de erros praticada. Portanto, se os mestres erram, os irmãos não podem de forma alguma se considerar incapazes de praticar isso ou aquilo, obviamente tudo sendo apenas uma questão de iniciativa mal pensada na hora e local errado. Com o aprimoramento das virtudes vêm as conquistas na espiritualidade, infelizmente fora do alcance de quem não ora, medita nem pratica boas obras.

Meus amados irmãos leitores, eu lhes desejo saúde, paz, amor e muita felicidade.

Deste irmão que tanto os ama.

Do seu amigo,

Mateus

22ª Mensagem

1. Alterações na atração magnética da lua. 2. Megaforças magnéticas criadas pelo alinhamento dos planetas. 3. O imprevisível em toda orla marítima.

AUTOR: MATEUS – DATA: 5.10.1984
Sexta-feira – Início: 2h40 – Término: 4h00

Glória ao Pai, ao Filho e ao Espírito Santo.

Amados irmãos encarnados, salve!

Mais uma vez estamos reunidos para servirmos nosso iluminado Mestre e Salvador, nosso Divino Jesus Cristo de Nazareth.

Meus amados irmãos, mesmo antes de terem ocorrido grandes acontecimentos de ordem transformatória, e os irmãos não tendo visto para crer, há necessidade de se prepararem para conviver com momentos difíceis que começam a ocorrer. Diante dessa agressividade cada vez mais pronunciada, se os irmãos não se ligarem à Divindade em preces, meditação e obras, sem esse contato diário com a Divindade, por certo serão envolvidos nesse clima sumamente agressivo e consequente.

Com as ações transformatórias tornando a vida cada vez mais difícil, a violência aumentará assustadoramente, e a síndrome coletiva de temor e desespero será uma realidade social, para a qual a humanidade precisa estar preparada! Os dirigentes das nações, especialmente dos países desenvolvidos, terão de se unir para poder solucionar ou pelo menos minimizar a maior parte dos problemas e dificuldades, causados por fatos novos nunca ocorridos e sequer imaginados; que começam a ocorrer na maioria dos países.

Em decorrência da maior incidência solar, causada pelo aquecimento global e pelas alterações na atração magnética da Lua sobre a Terra, isso causará maior ocorrência de grandes maremotos e tsunamis. O que não vai parar nisso, porque nosso satélite natural (a Lua) também terá alterações em sua sincronia de rotação com o planeta, oriundas de megaforças magnéticas criadas pelo alinhamento dos planetas desse sistema solar causando o imprevisível em toda a orla marítima. Conscientização humana sumamente necessária, que os bons irmãos leitores devem transmitir aos demais irmãos, que não tiveram a feliz oportunidade de ter em mãos um volume deste trabalho de esclarecimento. Importante gesto solidário que vai ajudá-los conseguir a maior soma de luz, difícil de ser conseguida de outra forma.

Assim como os irmãos podem constatar, ler este volume de esclarecimento é assumir maior responsabilidade pessoal e coletiva. Não é bom? Isso não é maravilhoso? Sei que no fundo de seus corações, isto é, no âmago, com certeza a resposta cheia de alegria e amor será um "sim" convicto de uma amorosa confirmação.

Meus amados, muitas coisas boas e lindas estão retidas em seu coração, tão somente aguardando o afloramento desse potencial amoroso, infelizmente adormecido por causa do envolvimento material. Os irmãos precisam despertar e libertar essa chama Divina, que os fará realizar maravilhas.

O homem não pode de forma alguma se autossatisfazer com as coisas materiais, pois essa é uma das maiores causas da atrofia na conquista do progresso espiritual. Estar bem espiritualmente significa estar muito bem fisicamente! Logo a espiritualidade tem de ter prioridade, para que no amanhã de retorno ao plano espiritual os irmãos não tomem parte dos que se lamentam inconsolavelmente por não terem sido diligentes na parte espiritual.

Meus amados, eu desejo que seu coração abrigue muito amor, fé e esperança.

Do seu amigo,

Mateus

23ª Mensagem

1. As fronteiras das limitações humanas. 2. Presos e limitados pelos dogmas religiosos. 3. O importante é ser lúcido, livre, sensível e capaz de sentir tudo a volta.

AUTOR: MATEUS – DATA: 9.10.1984
Terça-feira – Início: 0h00 – Término: 1h05

Glória ao Pai, ao Filho e ao Espírito Santo.

Amados irmãos encarnados, salve!

Mais uma vez estamos reunidos para servirmos nosso iluminado Mestre e Salvador, nosso Divino Jesus Cristo de Nazareth.

Sei que mesmo lendo este trabalho psicografado, ainda assim, certos irmãos continuarão tendo dúvidas quanto à sua veracidade. Isso já era esperado, mas entre esses irmãos que duvidam há espíritos fortes que ao se autodescobrirem, o que nós chamamos de despertamento espiritual, aumentarão o número de batalhadores nas causas de nosso Mestre Jesus. A espiritualidade é uma ciência que vai ficando cada vez mais profunda, à medida que vai ascendendo acima do nível de entendimento normal da maioria dos irmãos. Para se iniciar nesse despertamento com infinita busca de conhecimento, já de início quem de direito deve ser um amoroso interrupto praticante do contato diário em preces, meditação e obras com a Divindade.

Esse posicionamento físico e espiritual, em uma autêntica sondagem e busca das coisas espirituais, sem nenhuma sombra de dúvida, possibilitará o vislumbre e o conhecimento de coisas além do âmbito material, facultando a quem de direito possuir uma soma de conhecimento e responsabilidade, incompreensível para a maioria dos irmãos de jornada.

A fronteira da limitação humana sempre estará de acordo com o procedimento de cada irmão ou irmã, é claro que independentemente da cultura obtida neste plano. Para ser possível dilatar as fronteiras do conhecimento espiritual, o candidato deve ter muito amor e fé, a insaciável sede de conhecimento, muita perseverança, autodeterminação e coragem. Com esses elementos mais a prática diária das preces e meditação, o irmão sedento certamente saciará sua sede espiritual. Quando esse plano já não oferecer o desejado, partindo em busca do complemento para satisfazer essa sede profundamente linda, o encaminhamento feito nas linhas anteriores, por certo legará maior satisfação ao irmão ou irmã praticante.

Nosso Senhor Jesus não deseja vê-los presos e limitados pelos dogmas religiosos, que tanto os prejudicam impedindo-os de evoluir espiritualmente. Os irmãos têm de compreender a grandeza da libertação dos conceitos insanos; a bem da verdade, a mente livre em sincronia com o coração é quem deve ditar as decisões. Muitas vezes por seguir a filosofia de uma conceituação religiosa, um irmão deixa de agir espontaneamente, não pratica boas obras e não evolui; em suma, não adquire a soma de luz que a prática da caridade por certo legaria. Como os irmãos podem ver, o importante é ser lúcido, livre, sensível e capaz de sentir tudo à sua volta, inclusive a dor e o sofrimento dos irmãos de jornada.

As obras do Criador devem ser respeitadas e amadas; se vistas em sincronia com o coração e a mente, os irmãos verão coisas lindas em tudo à sua volta. Em nossas preces devemos pedir ao nosso Senhor Jesus que retire a venda de nossos olhos e nos dê consciência e lucidez, para podermos desfrutar das coisas maravilhosas que Ele nos legou. O bloqueio mental criado pelo envolvimento material propriamente dito torna-se a poderosa venda que impede a visualização e o desfrute das coisas maravilhosas, que legam muita felicidade.

Amados irmãos leitores, nessa mensagem eu creio ter lhes deixado o suficiente, para sua meditação diária; assim sendo, eu encerro esta mensagem, esperançoso de ter lhes legado uma boa ajuda.

Deste amigo que tanto os ama.

Do seu amigo,

Mateus

24ª Mensagem

1. O remédio certo para libertá-los do mal. 2. Saibam conquistar um belo galardão de luz. 3. Sem nunca terem o menor alívio.

AUTOR: MATEUS – DATA: 9.11.1984
Sexta-feira – Início: 1h20 – Término: 2h15

Glória ao Pai, ao Filho e ao Espírito Santo.

Amados irmãos encarnados, salve!

Mais uma vez estamos reunidos para servirmos nosso iluminado Mestre e Salvador, nosso Divino Jesus Cristo de Nazareth.

O plano espiritual necessita da contribuição espontânea e amorosa de cada irmão encarnado; portanto, todos que se puserem à frente de meus pequeninos obreiros, para impedi-los de fazer seu trabalho, esses maldosos irmãos sentirão a fúria de minha ação para retirá-los do caminho de meus obreiros desejosos em praticar boas obras para me servir!

Esse autêntico alerta ditado por mim e grafado por meu intermediário são palavras de nosso Divino Jesus ditas aos quatro ventos, para que todos tomem conhecimento e jamais intervenham com seus trabalhadores. Ainda existem muitos irmãos que se comprazem em impedir o benéfico trabalho caritativo dos bondosos irmãos, solidários à dor e ao sofrimento do próximo. Para esses bastardos, o sofrimento atroz será o remédio certo para libertá-los do mal.

A maioria dos irmãos, quando envoltos pelo materialismo, infelizmente ficam cegos, surdos, insensíveis e não atendem aos manifestos amorosos do coração. Transformam-se em verdadeiras máquinas de calcular, frias e sem nenhuma manifestação humana. Irmãos que, após o desencarne, o despertar espiritual em confronto com a dura realidade os faz sofrer por tempo indeterminado, no qual esses reincidentes irmãos avaliam tudo que deixaram de fazer e o quanto se prejudicaram.

Essa dor realmente é muito difícil de ser aplacada, graças à autocondenação feita por poder ver a dura realidade. Nesse descortinar das mil cortinas do Maia (o mundo de ilusão), o pranto e a dor serão seus companheiros por longo tempo! Meus amados, não permitam que tal fato lhes aconteça, saibam conquistar um belo galardão de luz: "Deem a César o que é de César e a Deus o que é de Deus". Nas 24 horas diárias há tempo para tudo, ou seja, tempo para trabalhar, para o necessário lazer e para orar e meditar, tudo sempre podendo ser feito normalmente sem necessidade de nenhum esforço hercúleo.

Com o cumprimento dos deveres e obrigações, a pujança do progresso será cada vez maior; portanto, o sustento sempre deve ser obtido com o próprio trabalho e jamais sendo pesado aos seus irmãos de jornada. Nessa nuança, seja lá por qual for o motivo, todos os irmãos que não cumprirem com seus deveres e obrigações, ficarão sendo sobrecarga nos ombros de seus irmãos de jornada. No amanhã de retorno ao plano espiritual, de mãos vazias e envolvido pela pegajosa letargia nociva aos demais espíritos, ele terá de ser encaminhado ao plano onde será feita a limpeza psíquica. Nesses planos de purificação em penumbra e com uma atmosfera indescritivelmente pesada, dentro de um recipiente com líquido verdadeiramente abrasador, fazendo a limpeza psíquica sem nunca terem o menor alívio, clamam dia e noite e não são ouvidos! Caros irmãos leitores, se por acaso vocês duvidarem da veracidade do esclarecimento que está sendo legado por este trabalho, isso é normal. Mas, no entanto, se em seu íntimo o mesmo não lhe significar nada, tenham cautela, porque se incidirem nos mesmos erros já evidenciados nas linhas anteriores, no amanhã de retorno ao plano espiritual infalivelmente vocês tomarão parte do clamor dos demais irmãos nesses planos de limpeza psíquica.

Como os irmãos veem, a verdade é uma linha reta; assim sendo, só há uma opção a favor ou contra. O coração é o juiz imparcial, quem atender os ditames desse amoroso juiz jamais sofrerá!

Amados irmãos, salve! Com a bênção de nosso Senhor Jesus, que haja luz em sua mente e amor em seu coração, para dividirem tudo isso com seus irmãos de jornada.

Do seu amigo,

Mateus

25ª Mensagem

1. Livres dos impulsos ilusórios e consequentes. 2. Imporia nas boas normas. 3. A vida livre quase flutuando no ar.

AUTOR: MATEUS – DATA: 21.11.1984
Quarta-feira – Início: 0h50 – Término: 1h35

Glória ao Pai, ao Filho e ao Espírito Santo.

Amados irmãos encarnados, salve!

Mais uma vez estamos reunidos para servirmos nosso iluminado Mestre e Salvador, nosso Divino Jesus Cristo de Nazareth.

Por mais que os descrentes não admitam, o plano espiritual necessita da colaboração espontânea e amorosa de cada irmão encarnado, para que assim seja possível um movimento transformatório com menos incidentes e desencarnes. Partindo do ponto de vista do merecido, certamente o plano espiritual não deixará de atender quem for digno. Porquanto não há necessidade de nenhum sacrifício hercúleo, apenas do contato diário em preces e meditação com a Divindade, o qual por si só já é um procedimento de quem cultua a Divindade em busca de luz e progresso propriamente dito, um procedimento espontaneamente amoroso dos irmãos e irmãs, livres dos impulsos ilusórios e consequentes.

Com todos os irmãos contribuindo para que a reforma global seja feita com o menor número possível de desencarnes, esse sem dúvida é o fundamental objetivo que pretendemos alcançar, com o esclarecimento legado por este trabalho psicografado. Tendo-se em vista a crescente deturpação dos bons conceitos, essa influência nas boas normas nos preocupa muito, pois daqui do plano espiritual podemos ver claramente aonde tudo isso vai chegar, ou seja, em um resultado lastimável causador de muito sofrimento e pranto!

Meus amados, não se deixem envolver de forma alguma por tal modo de viver, mantenham a decência zelosa da ética e do amor ao próximo, levem uma vida limpa e amorosa e sejam recompensados pela Divindade. Não deixem por menos, façam o bem sem olhar a quem, aliviem a dor e o sofrimento de seus irmãos de jornada e tenham ótimos acompanhantes invisíveis a sua volta para ajudá-los! Não há segredo, para se conquistar a luz antes é preciso eliminar todos os manifestos das trevas.

O saco de chumbo tem de ser esvaziado, caso contrário, o espírito não poderá alçar voo; entenderam, irmãos? Todos os manifestos torpes aumentam o peso do fardo cármico, que a maioria carrega sem ter conhecimento desse mal, por desconhecer a vida livre quase flutuando no ar, conquistada pela vida honesta, amorosa e com muita fé, própria dos irmãos ligados à Divindade em preces, meditação e obras.

Toda vez que um irmão pratica maus atos, ele aumenta o peso do fardo que carrega, mas se praticar boas obras o peso diminui. Irmãos, saibam viver em conformidade com as leis Divinas, deixem de sofrer e sejam felizes.

Meus amados, haja o que houver, não deixem de fazer o bem, pois ele voltará mais fortalecido para quem o praticou!

Deste amigo que tanto os ama.

Do seu amigo,

Mateus

26ª Mensagem

1. A lacuna deixada pela displicência. 2. Infinitamente concomitante com o progresso dual. 3. Hoje louco e sábio amanhã.

AUTOR: MATEUS – DATA: 14.12.1984
Sexta-feira – Início: 2h10 – Término: 3h10

Glória ao Pai, ao Filho e ao Espírito Santo.

Amados irmãos encarnados, salve!

Mais uma vez estamos reunidos para servirmos nosso iluminado Mestre e Salvador, nosso Divino Jesus Cristo de Nazareth.

Caro irmão leitor, o plano espiritual necessita de sua espontânea e amorosa colaboração, para construir um futuro mais promissor a toda a humanidade. Cada gesto e boa ação praticados com o intuito de auxiliar os necessitados, por pequeno que seja, será muito bem-vindo. Se atualmente são necessárias medidas mais ásperas, amanhã por certo elas serão desnecessárias. Daí o provérbio "O que se pode fazer hoje não se deixa para amanhã". A lacuna deixada pela displicência amanhã causará inúmeros sofrimentos aos irmãos carentes. Este planeta caminha para uma série de acontecimentos de ordem transformatória, necessários para adequá-lo à crescente demanda por mais cinco ou seis milênios, legando as condições necessárias para os estagiários poderem adquirir maior evolução espiritual.

Sei que os irmãos leitores circunstancialmente podem até ficar um tanto em dúvida, referente ao esclarecimento legado por este trabalho psicografado. Esse manifesto não nos desagrada, até pelo contrário, pois se tal fato está acontecendo aos irmãos leitores, isso realmente é muito bom, porque ao quererem aclarar essa dúvida os bons irmãos conseguirão maior soma de esclarecimento e orientação. Desfecho feliz que vai nos legar muita alegria, por vermos nosso primordial objetivo conseguindo pleno êxito.

Neste trabalho espiritual, nós não entramos muito em outras áreas da espiritualidade, só o fazendo quando houver necessidade, por termos outro encargo da Divindade. Ademais, com a soma de esclarecimento legada por este trabalho, quem de direito terá o suficiente para ir ao encontro de seu objetivo; seja ele qual for. Em síntese, neste trabalho está contido o esclarecimento necessário para qualquer irmão iniciante poder se projetar na senda da espiritualidade; seja lá qual for sua meta almejada.

A espiritualidade é uma ciência muito profunda que jamais poderá legar todo conhecimento, por ele estar infinitamente concomitante com o progresso dual. Ademais, adquirir conhecimento e mais tarde egoisticamente ficar de braços cruzados, não praticando a solidária assistência aos necessitados, não corresponde aos ensejos do plano espiritual, nem tampouco dos irmãos com tanto sacrifício e luta, procurando saciar a sede de novos conhecimentos de ordem espiritual.

Essa ciência tem a finalidade de legar condições, que por outros meios não foram possíveis, para que o processo evolutivo não fique estagnado, por falta do acesso a novos conhecimentos mais profundos que leguem maior pujança na evolução dual. Quando em busca de maior soma de conhecimento, se o irmão ou irmã plenamente lúcido orar e meditar diariamente, nada o impedirá de conseguir a concretização de seu ideal.

Neste plano existe tempo para tudo, inclusive até para ficar espiritualmente fora dele! Planos e subplanos separados apenas pela corrente de energia equivalente estão à espera de quem conseguir a equivalência energética.

Na espiritualidade, o conhecimento faz com que muitos irmãos fiquem de boca fechada, para não serem chamados de loucos. Quando se diz que muito conhecimento causa a loucura, isso realmente não diz respeito a quem já conseguiu maior estágio no desenvolvimento do intelecto. Hoje louco e amanhã sábio, este é o quadro dos que adquirem conhecimento antecipado, ou seja, fora de época em virtude da sua arrojada pujança.

Do seu amigo,

Mateus

27ª Mensagem

1. Acontecimentos de ordem transformatória. 2. O almejado objetivo deste trabalho. 3. Plena consciência da imortalidade espiritual.

AUTOR: MATEUS – DATA: 4.1.1985
Sexta-feira – Início: 2h05 – Término: 3h03

Glória ao Pai, ao Filho e ao Espírito Santo.

Amados irmãos encarnados, salve!

Mais uma vez estamos reunidos para servirmos nosso iluminado Mestre e Salvador, nosso Divino Jesus Cristo de Nazareth.

Nesta sexta-feira, enquanto a maioria está dormindo, nós estamos fazendo este trabalho, para servirmos nosso Salvador Jesus. Já há tantos manifestos frutos da desonestidade e da falta de amor ao próximo, que estão pondo fim à vida pacata e feliz em todo o planeta... Não obstante, acrescentamos a tudo isso os acontecimentos de ordem transformatória, que em breve ou, até posso dizer, já começam a entrar em atividade, os quais ainda não foram notados, em razão da falta dos fatores que vão fazê-los aparecer na superfície. Portanto, por mais que seja o otimismo, todos os meus amados irmãos devem se preparar o melhor possível para esses inevitáveis acontecimentos de ordem transformatória.

Queridos irmãos sedentos de novos conhecimentos, que amorosamente leem atentamente este trabalho psicografado. Em hipótese alguma devem ficar apreensivos com os fatos relatados, pois esse não é de forma alguma o almejado objetivo deste trabalho. O que realmente torna indispensável que os irmãos e irmãs se preparem física e espiritualmente, para tomar parte desses acontecimentos confiantes na proteção Divina. Porquanto sei que muitos irmãos me perguntarão: o que devo fazer para conseguir esse posicionamento dual? Respondendo, eu

lhes digo: simples, basta apenas que cultuem nosso Salvador Jesus, com o contato diário em preces e meditação.
Essa prática diária aflora o amor e fé, a força espiritual que faz os irmãos praticarem as boas obras. Requisito necessário que completará a preparação física e espiritual, faculta a convivência harmônica com os acontecimentos transformatórios, sem que haja pânico e desencarnes desnecessário. Porquanto evidentemente só temos de esperar por uma fase longa e difícil, inclusive fazendo o acerto de contas com os países desenvolvidos, dominantes e sempre ditando regras convenientes. As grandes potências vão começar a sofrer o reverso da medalha, para poderem ver com clareza as fragilidades existentes nesses países. As quais logo começarão a causar graves problemas, comprovando tudo que está grafado neste trabalho.

Meus amados irmãos devem ter plena consciência da imortalidade espiritual, a convicta certeza de que espiritualmente são imortais, com deveres e obrigações compromissados com um futuro mais promissor para toda a humanidade. Quando alcançarem esse despertamento de consciência, tudo ficará visualmente claro e os irmãos poderão comprovar o valor da honestidade, da obrigação cumprida e das coisas simples, lindas e cheias de amor!

Meus amados, saibam vencer as provas difíceis, alicerçados na imortalidade espiritual deixem as coisas boas aflorarem livremente, sejam simples, cultuem a verdade, o amor ao próximo e nada temam!

Meus amados, aceitem meu amoroso apertado abraço.

Do seu amigo,

Mateus

28ª Mensagem

1. Ainda há necessidade de muita dor. 2. Incapaz de exercer a intermediação psíquica. 3. Ofusque o radiante sol que deseja te iluminar.

AUTOR: MATEUS – DATA: 11.1.1985
Sexta-feira – Início: 1h02 – Término: 2h05

Glória ao Pai, ao Filho e ao Espírito Santo.

Amados irmãos encarnados, salve!

Mais uma vez estamos reunidos para servirmos nosso iluminado Mestre e Salvador, nosso Divino Jesus Cristo de Nazareth.

Com o predomínio da ambição material fazendo com que a maioria dos irmãos fique insensível e calculista, o esclarecimento espiritual se faz sumamente necessário. A vida não é feita só de bens materiais, e sim de um conjunto de fatores de ordem física e espiritual. O homem afortunado e com muito conforto dificilmente se lembra de Deus. O desconforto, a necessidade e o sofrimento indiscutivelmente são os principais fatores para quem quer que seja buscar o auxílio da Divindade. Basta apenas uma pequena dor para quem foi acometido acreditar que existe um Deus todo-poderoso e sem nenhuma dúvida suplicar seu amparo.

Meus irmãos, ainda há necessidade de muita dor, essa infalível amiga ainda tem muito trabalho! Sem essa última infalível grande amiga, no plano espiritual haveria mais pranto e desespero dos irmãos que subestimam a tudo e cometem todo tipo de infração às leis Divinas: os quais, para satisfazer seus mórbidos instintos egoístas, impiedosamente submetem seus irmãos de jornada a cruéis sofrimentos.

Meus amados, a Divindade não habita um templo assim, pois para ser habitado por nosso Senhor Jesus, ele deve estar espiritualmente arejado e livre dos manifestos profanos. Assim sendo, meus queridos irmãos, cultuem o amor, pratiquem boas obras, façam o arejamento mental e mantenham-se sempre no campo construtivo. Conquanto estando com o templo arejado e digno de receber o Excelso Hóspede, ele será habitado por nosso Senhor Jesus; então, como já dito biblicamente, em nome do Senhor, Jesus fará maravilhas!

Aqui no plano espiritual existe um número incontável de abnegados irmãos, desejosos de trabalhar em prol de toda a humanidade, mas na dependência de um instrumento mediúnico, infelizmente eles não podem legar sua contribuição. Isso é sumamente constrangedor, mas a descrença, o materialismo, descarta os possíveis instrumentos: irmãos que seriam ideais, entretanto, por estarem totalmente envolvidos pelo materialismo, infelizmente são incapazes de exercer a intermediação psíquica com o plano espiritual. A bem da verdade, existem bons irmãos, que se despertados espiritualmente, seriam bons instrumentos mediúnicos, tanto médiuns psicógrafos quanto em outras tantas modalidades a serviço do plano espiritual.

Lamentavelmente, inúmeras dificuldades causarão uma acirrada competição, que aumentará as dificuldades em todas as angulações da vida. Isso evidentemente dificultará muito mais encontrar bons irmãos que desejem se prestar a serviço do plano espiritual, especialmente durante a reforma global. Porque, após ela ter sido completada, o maior avanço tecnológico e espiritual obviamente facilitará a adesão de um maior número de candidatos com tal propósito.

Caros irmãos leitores, no momento o que realmente importa é a boa conduta, as boas obras e o contato diário em preces e meditação com a Divindade antes de dormir. Seja lá por qual for o motivo, jamais deixem de fazer esse contato diário, sejam espiritualmente lúcidos e não permitam que as mil cortinas do maia (o mundo de ilusão) ofusquem o radiante sol que deseja iluminá-los.

Irmãos, nesta mensagem há uma boa soma de tópicos, para uma profunda meditação capaz de ajudá-los a evoluir mais rapidamente. Meus amados, aceitem meu apertado e saudoso abraço, neste momento rogo ao nosso iluminado Mestre Jesus que os abençoe, ilumine e proteja.

Deste amigo que tanto os ama.

Do seu amigo,

Mateus

29ª Mensagem

1. Ardilosas armadilhas feitas pelas trevas. 2. Certificado de salvação aos adeptos. 3. Os parentes e amigos sentem um vazio muito grande.

AUTOR: MATEUS – DATA: 30.1.1985
Quarta-feira – Início: 1h50 – Término: 2h50

Glória ao Pai, ao Filho e ao Espírito Santo.

Amados irmãos encarnados, salve!

Mais uma vez estamos reunidos para servirmos nosso iluminado Mestre e Salvador, nosso Divino Jesus Cristo de Nazareth.

Queridos irmãos leitores, estamos unidos espiritualmente, para podermos fazer este trabalho de esclarecimento e orientação vindo do alto.

Diante de certa circunstância imoral comportar-se de forma compassiva simplesmente é muito fácil. Mas, quando envolto por uma dessas ardilosas armadilhas feitas pelas trevas para fazê-lo fracassar, esse alçapão realmente tem tudo para aprisionar a vítima e lhe tirar a liberdade espiritual.

Para cada irmão encarnado existem no mínimo 20 desencarnados, os quais, segundo afinidade e ações praticadas, se unem ao irmão encarnado para tomar parte de suas ações. Portanto, por razões óbvias é preciso um bom caráter com ações justas e amorosas, para quem quer que seja poder desfrutar de assistência espiritual.

Para o plano espiritual propriamente dito, a Divindade, não existe esta ou aquela religião que seja melhor, aliás, não existe nenhuma religião que possa dar certificado de salvação aos seus adeptos. Portanto, se daqui do plano espiritual é possível observar claramente as boas e más ações de todos os irmãos, evidentemente não há nenhuma possibilidade de quem quer que seja de poder fraudar radiosas entidades do plano espiritual; servidores de nosso Senhor Jesus que podem ver tudo integralmente. Assim sendo, concluindo esse esclarecimento, eu digo, que o que realmente conta é a unificação diária em preces e meditação com a Divindade e as boas obras com o posicionamento reto, amoroso e construtivo.

Enquanto encarnados e sujeitos a todas as paixões carnais, os irmãos devem ter plena consciência de suas ações, sabendo que as mesmas serão julgadas posteriormente. Para tudo sempre haverá duas opções, seja lá quem for terá de optar por uma delas, ou seja, a boa, justa e amorosa ou a má, egoísta, mundana e desprezível. Cada irmão é o artífice das próprias ações, que o tornam cada vez mais importante ou desprezível e nocivo a toda a sociedade. Luz ou trevas, não há outra opção! Sim, sim! Não, não! Fora dessa reta conclusiva o restante é desprezível, vil e desastroso para o espírito.

Quando um irmão pratica boas ações que irradiam amor, ele santifica o templo (seu próprio corpo), o qual a qualquer momento pode ser habitado por uma iluminada entidade ou até mesmo pela Excelsa Divindade; se assim for necessário. Um irmão com esse posicionamento espiritual, por onde passar inegavelmente espargirá bons fluidos, legará luz e criará o progresso. Sua simples presença é suficiente para fazer todos a sua volta se sentirem maravilhosamente bem, alegres e felizes. Quando um desses irmãos desencarna, por um bom tempo os parentes e amigos sentem um vazio muito grande, por falta de sua radiação amorosa que legava conforto, bem-estar e felicidade às demais pessoas de seu convívio.

Todo esse assunto é enigmático, tendo-se em vista a atual circunstância em evidência. Queridos irmãos leitores, sei que não está sendo fácil você compreender o esclarecimento que está sendo legado por este trabalho, mas com o passar do tempo e os fatos dando prova, acredito que essa dificuldade deixará de existir. Neste trabalho excepcionalmente de cunho espiritual, muitas vezes temos de ser sutis, pois temos de fazer o esclarecimento certo na hora certa, entenderam?

Meus amados, um forte abraço, que haja luz, amor e muita esperança em seus corações.

Deste amigo que tanto os ama.

Do seu amigo,

Mateus

30ª Mensagem

1. Ter tempo para cuidar da parte espiritual. 2. A busca duma ascensão mais rápida. 3. Cultuar a verdade, amor e fé.

AUTOR: MATEUS – DATA: 1.3.1985
Sexta-feira – Início: 1h50 – Término: 2h35

Glória ao Pai, ao Filho e ao Espírito Santo.

Amados irmãos encarnados, salve!

Mais uma vez estamos reunidos para servirmos nosso iluminado Mestre e Salvador, nosso Divino Jesus Cristo de Nazareth.

Iniciando este trabalho, estou transmitindo o esclarecimento e orientação para nosso intermediário psicógrafo, que o grafa amorosamente, porquanto neste momento sentimos as bênçãos de nosso Senhor Jesus.

Assim que a reforma global tiver início, os acontecimentos transformatórios começarão a ocorrer em todo o planeta, uma longa reforma planetária com a maioria dos irmãos infelizmente ainda despreparada, tendo-se em vista o acentuado materialismo dominante, que não deixa a maioria ter tempo para cuidar da parte espiritual. Conquanto suporte a carga imposta pela desenfreada ambição material, que enfraquece rapidamente as forças psíquicas, consequentemente, sempre resultante em um grande mal! Para os irmãos terem uma existência feliz, isso não depende unicamente da parte física, há também a parte espiritual com todos os requisitos que precisam ser preenchidos, para se obter o bom resultado de uma vivência sadia e feliz. Assim sendo, se os irmãos realmente quiserem saber o que fazer para cuidar da parte espiritual, eu os esclareço que será o suficiente a prática do contato diário em preces e meditação com a Divindade, mais suas boas obras feitas com desprendimento e amor.

A busca por uma ascensão mais rápida faz o interessado fazer o refinamento espiritual, ou seja, cultuar a verdade, amor e fé, dando tudo de si em prol do bem-estar e da felicidade dos irmãos de jornada. O irmão recebe toda assistência do plano espiritual, por ser uma atividade benemérita própria de um verdadeiro servidor de nosso Senhor Jesus. Servidor que, daqui para a frente, indubitavelmente terá de prestar mais assistência ao maior número de irmãos necessitados provenientes das ações transformatórias.

Portanto todos os irmãos leitores terão de se preparar física e espiritualmente, para conviver com a longa fase tumultuada de grandes acontecimentos. Não me é possível revelar na íntegra as catástrofes que serão causadas, porque, se o fizer, sem dúvida haverá mais irmãos descrentes, por entenderem existir exagero no que estou lhes transmitindo. Por conseguinte, torna-se óbvia a necessidade da discrição, revelando apenas um pouco do muito que existirá nessa fase transformatória de caráter global.

Meus amados, não se assustem com os fatos que logo estarão em evidência, sem ter como fugir dos mesmos. Tenham plena consciência de que tudo isso é apenas o começo da longa reforma global.

Orem e meditem diariamente, mantenham-se ligados ao nosso Senhor Jesus e nada temam. Primem pelos bons atos e deixem os demais irmãos agirem ao bel-prazer, pois os mesmos ainda necessitam passar pela purificação da dor e do pranto.

Deste amigo que tanto os ama.

Do seu amigo,

Mateus

31ª Mensagem

1. Mega transição transformatória de ordem planetária. 2. Sem tempo de pensar a respeito. 3. Verdadeiro universo em evidência.

AUTOR: MATEUS – DATA: 20.3.1985
Quarta-feira – Início: 2h10 – Término: 3h40

Glória ao Pai, ao Filho e ao Espírito Santo.

Amados irmãos encarnados, salve!

Mais uma vez estamos reunidos para servirmos nosso iluminado Mestre e Salvador, nosso Divino Jesus Cristo de Nazareth.

O plano espiritual não pode esperar pelo conforto e bem-estar, para quem quer que seja se prestar na prática do bem. Portanto, dentro do horário e condição de nosso intermediário, nós fazemos nosso trabalho sem que haja nenhuma objeção.

Amados irmãos, as escusas de quem não cumpriu com seus deveres e obrigações enquanto encarnado não têm o menor valor. Aliás, deve ser do conhecimento geral que tais desculpas realmente nunca foram aceitas, por evidentemente não terem existido tais empecilhos postos em pauta pelos espíritos comodistas e fracassados.

Com o advento da grande reforma planetária já tendo início, quem desejar evoluir obviamente não terá tempo a perder com as coisas fúteis, pois com as grandes ações transformatórias vai haver muito trabalho a ser feito. Portanto, orar, meditar e praticar boas obras na prestação de auxílio ao próximo sem dúvida será o dever cívico e espiritual dos irmãos com maior evolução, os quais, ora encarnados, isso se deve, entre tantos outros fatores, ao também indispensável, incluso na prestação de auxílio aos necessitados, sem o que certamente eles não estariam encarnados e participando dessa megatransição transformatória de ordem planetária.

Portanto, como evidentemente o acaso não existe, tudo obedece a um plano meticulosamente elaborado no plano espiritual, para resolver graves problemas e criar soluções racionais, criativas e progressistas de ordem física e espiritual. Com esse esclarecimento, o irmão leitor pode ver claramente que nos momentos propícios a maioria dos irmãos deixa de agir certo e perde a soma de luz, que os promoveria a um maior grau evolutivo. Também deixo evidente o porquê de essas importantes oportunidades ocorrerem de um momento para o outro, sem tempo de pensar a respeito, sendo que se tivesse tempo para a reflexão, a maioria agiria mais acertadamente. Esclarecendo esse paradoxo, eu digo simplesmente: porque quem ama o próximo não precisa pensar para fazer uma boa obra; tudo ocorre de forma espontaneamente amorosa.

Queridos irmãos, a base para um bom posicionamento espiritual está alicerçada em seu ininterrupto contato diário em preces e meditação com a Divindade, mais suas boas obras em prol de seus irmãos de jornada. A Divindade não exige nada de ninguém, só de pleno livre-arbítrio os irmãos poderão receber proteção e auxílio Divino. Irmãos, abracem uma boa causa e tenham a proteção e auxílio da Divindade, que mandará iluminados irmãos para auxiliá-los em seu trabalho precursor de progresso.

Uma vez encarnados, sem distinção de raça, credo religioso, condição financeira, ou seja lá o que for, todos os irmãos possuem igual oportunidade para conseguir a soma de luz proposta na passagem pelo plano físico. Também deixo explícito que, de retorno ao plano espiritual, não haverá desculpas para as obrigações não cumpridas no plano físico.

Aqui no plano espiritual existem inúmeros espíritos com maravilhosos trabalhos concluídos, tão somente à espera de irmãos que se prontifiquem a trabalhar com o plano espiritual: irmãos que entrem em contato, recebam e grafem os trabalhos, para que os mesmos sejam utilizados na maior pujança do progresso no plano físico. Para tal evento existem várias modalidades e meios disponíveis, os mais usuais são pelas mediunidades da psicografia telepática e mecânica, vidência e audiência, sem falar nas demais faculdades mediúnicas, todas funcionais e em pleno alcance e uso de quem as desenvolver com amor e fé.

Assim sendo, como os próprios irmãos podem ver claramente, cada um de vocês é um verdadeiro universo em evidência, despertando para poder se prestar a serviço da Divindade onde forem designados! Ademais, o espírito, sendo um ser imortal com uma ascensão evolutiva infinita, nunca habitará um plano definitivamente, com essa infinita transitoriedade ele dificilmente se recordará dos planos remotamente habitados. Dentro da evolução espiritual, assim que o espírito vai resgatando as dívidas cármicas, concomitantemente vai se projetando para novos planos cada vez mais evoluídos.

Meus amados irmãos, um forte amoroso abraço. Encerrando esta mensagem eu desejo a todos muita paz, amor e felicidade.

Do seu amigo,

Mateus

32ª Mensagem

1. Banidos para outros planos evolutivamente mais atrasados. 2. Hino aos anjos. 3. "Não deem pérolas aos porcos".

AUTOR: MATEUS – DATA: 29.3.1985
Sexta-feira – Início: 2h10 – Término: 3h55

Glória ao Pai, ao Filho e ao Espírito Santo.

Amados irmãos encarnados, salve!

Mais uma vez estamos reunidos para servirmos nosso iluminado Mestre e Salvador, nosso Divino Jesus Cristo de Nazareth.

Tudo por um amanhã cada vez melhor! Com esse slogan damos início a este trabalho a serviço de nosso Senhor Jesus.

Amados irmãos, como devem saber, está tendo início uma megafase transformatória sem precedentes na história deste planeta, para aumentar a produção agrícola e poder atender à maior demanda, não só de alimentos como também em outras tantas áreas, decorrentes da explosão demográfica e avanço do progresso. Devemos legar melhores condições e facilidades aos espíritos mais evoluídos, que farão seu ciclo de encarnações no cumprimento de difíceis missões, na pujança do maior progresso em prol de toda a humanidade.

Os irmãos devem se preparar física e espiritualmente para as circunstâncias mil, que ocorrerão em decorrência dos acontecimentos transformatórios. Os quais sem nenhuma sombra de dúvida serão de grande magnitude, para poder fazer as ações transformatórias necessárias.

Como os irmãos podem ver circunstancialmente, daqui para a frente haverá muito trabalho para quem desejar ser útil e prestativo, especialmente no auxílio às vítimas dos acontecimentos transformatórios. Caso não ocorra essa amorosa disponibilidade, esses irmãos insensíveis à dor e ao sofrimento do próximo serão recolhidos e banidos para outros planos evolutivamente mais atrasados, com tudo para ajudá-los a evoluir espiritualmente.

Ainda vivendo dentro de um clima calmo e sem nenhum sinal aparente das ações transformatórias, todos os esclarecimentos até então feitos por esse trabalho espiritual fazem os irmãos leitores desconfiados pensarem ser apenas mais uma utopia com fins lucrativos. Caros irmãos, não pensem dessa forma, para não se arrependerem e se lamentarem posteriormente. Deem crédito a esses avisos vindos do Alto e antecipadamente se preparem física e espiritualmente, para essa longa fase tumultuada de inúmeros acontecimentos, no mais das vezes, de grande repercussão.

O plano espiritual não deseja esforços extremos de ninguém, apenas um bom posicionamento espiritual com uma vida honesta, amorosa e prestativa aos necessitados. Para tal agregado, o contato diário em preces e meditação antes de deitar realmente será imprescindível! As orações feitas com amor e fé em busca de um objetivo definido, sem nenhuma sombra de dúvida são hinos aos anjos, pois onde houver pureza de coração, lá estará os que apoiam tal posicionamento espiritual, entenderam?

A vigília constante é necessária para impedir as investidas das trevas, no intento maquiavélico de causar o mal, lágrimas, dor e sofrimento, objetivando enfraquecer espiritualmente os irmãos e fazê-los fracassar na missão.

Na ascensão espiritual, todos os irmãos são assediados, por terem duas opções legadas pelo livre-arbítrio! Conquanto comprovando que à medida que o espírito vai evoluindo, as provas serão cada vez mais difíceis, para ser possível lhe legar maior evolução espiritual, o que justifica a clareza, lucidez e grande felicidade quando vitoriosos.

Em síntese, pela atividade moral e boas obras praticadas, pode-se saber qual é a importância de cada irmão ou irmã no quadro universal, para servir a Divindade. Tudo é muito claro: se os irmãos meditarem, por certo encontrarão respostas para tudo a sua volta; além do que possam imaginar. A mente humana precisa ser desobstruída do lixo mental, fator potencialmente exaurível das forças vitais e psíquicas, necessárias à lucidez mental.

Amados irmãos, não se faz um santo da noite para o dia. Ninguém recebe nada sem merecimento, tudo cresce segundo a conquista feita pelas obras. Para se colher bons frutos é preciso plantar em terreno fértil, pois em terreno estéril até a semente é perdida!

"Não deem pérolas aos porcos!" Não percam tempo com quem não deseja melhorar suas ações.

Caros irmãos, não desanimem e sigam em frente, pois os sedentos de conhecimento espiritual se manifestarão. Propriamente dito, o terreno fértil para a semente germinar e legar uma boa colheita de saborosos frutos.

Meus amados, sempre que houver dificuldades, não se privem de pedir auxílio tanto a mim quanto aos demais iluminados irmãos, pois nós servimos nosso Senhor Jesus e cada pedido justo e amoroso que recebemos nos deixa muito feliz.

Sem mais, saudoso e feliz eu me despeço de todos.

Do seu amigo,

Mateus

33ª Mensagem

1. Prenúncio da fase transformatória. 2. Desanuviem a mente dos pensamentos deletérios.

AUTOR: MATEUS – DATA: 26.4.1985
Sexta-feira – Início: 1h25 – Término: 2h10

Glória ao Pai, ao Filho e ao Espírito Santo.

Amados irmãos encarnados, salve!

Mais uma vez estamos reunidos para servirmos nosso iluminado Mestre e Salvador, nosso Divino Jesus Cristo de Nazareth.

Unidos e felizes, rendemos graça ao nosso Salvador Jesus, por nos permitir este momento o servindo.

Meus irmãos, já não há tempo para ser perdido com infantilidades, que entretêm o espírito e não constroem nada. Atualmente, com todas as dificuldades existentes mais as que estão a caminho, todos os irmãos precisam cumprir seus deveres e obrigações, tanto pessoais quanto de ordem coletiva. A dissimulada quietude, prenúncio da fase transformatória com mega-acontecimentos de caráter global, deve ser observada com muita cautela. O plano espiritual incansavelmente vem dando alertas, para que os irmãos não se deixem enganar pela aparente quietude que precede a tempestade.

Meus irmãos, procurem fazer o contato diário em preces e meditação com a Divindade, desanuviem a mente dos pensamentos deletérios, pratiquem boas obras e passem a viver uma vida digna de ser vista por qualquer entidade do plano espiritual. Sejam simples, amem as coisas simples e deixem o supérfluo para os que se comprazem com as aparências. Nosso Senhor Jesus necessita da conduta honesta e honrada de todos os irmãos encarnados, para poder legar uma vivência mais feliz a toda a humanidade.

Nosso Senhor Jesus se faz presente a cada boa obra praticada. Todo templo tem o hospedeiro segundo a conduta e obra praticada.

O pão ganho com suor do trabalho honesto alimenta muito mais. O espírito necessita da luz que não pode ser comprada. Vã é a soma de velas queimadas, para legar luz a quem não a conquistou por intermédio do amor ao próximo com as boas obras.

O pobre tem poucos amigos, mas tem mais que o rico.

O rico está sempre rodeado de águias de rapina. O pobre dá do pouco que possui.

Vale mais o pouco dado de coração que o muito lamentado.

Na dor, a esperança é mais forte.

Se os irmãos leitores meditarem sobre o que lhes transmiti nesta mensagem, certamente iluminarão muito mais seu diadema, pois ler e meditar sem dúvida é a dualidade que lega muita paz e luz ao espírito.

Meus amados, aceitem meu forte abraço, despedindo-me rogo ao nosso iluminado Mestre Jesus que os abençoe e proteja.

Do seu amigo,

Mateus

34ª Mensagem

1. Preparados para qualquer eventualidade. 2. O clima tempestuoso será uma constante. 3. Um futuro mais promissor para toda humanidade.

AUTOR: MATEUS – DATA: 1.5.1985
Quarta-feira – Início: 3h30 – Término: 4h30

Glória ao Pai, ao Filho e ao Espírito Santo.

Amados irmãos encarnados, salve!

Mais uma vez estamos reunidos para servirmos nosso iluminado Mestre e Salvador, nosso Divino Jesus Cristo de Nazareth.

Amados, já não adianta ser somente bons, agora é necessário praticar boas obras para poder auxiliar os demais irmãos carentes. O pouco de cada um será o suficiente para auxiliar os que sofrem as privações primordiais, ou seja, fome, frio e o desamparo social.

Em todos os países, infelizmente aumenta o número de pessoas necessitadas de toda solidariedade humana, em virtude de a infração ser cada vez mais pronunciada. Provocada por vários irmãos ambiciosos e sem nenhuma consciência, que enriquecem à custa da opressão, fome e miséria da sociedade; submissa às suas decisões. Meus amados irmãos leitores, o plano espiritual já protelou demais esse inescrupuloso modo de agir. Portanto, os responsáveis por tais atos sem nenhuma sombra de dúvida terão duras sanções, para impedir esse maldoso ímpeto, responsável por tantas lágrimas e sofrimento por toda parte.

Cada irmão por si só tem de fazer seu cabedal espiritual, sem tal preparo o fracasso total da missão será inevitável. Com o planeta praticamente já entrando em reforma, todos os irmãos precisam estar bem preparados, para qualquer eventualidade que porventura possa ocorrer, porque assim realmente se dará a interação com os acontecimentos de ordem transformatória.

O tempo de calmaria pode-se dizer que já pertence ao passado, agora o clima tempestuoso será uma constante em todo planeta. Fator que torna imprescindível o esclarecimento legado por este trabalho, com o nobre objetivo de deixar toda a humanidade espiritualmente preparada, para conviver com o clima de suspense e perigo.

Uma longa reforma global, com a duração de aproximadamente três quartos de século, na qual quase a maioria dos irmãos não verá o fim. Um período de tempo que realmente necessita de um trabalho antecipado de amplo esclarecimento e orientação, propriamente dito, com a grande responsabilidade de esclarecer e preparar toda humanidade. Conquanto legando absoluta certeza de que se trata duma mega reforma global, com uma programação superinteligente só possível à Engenharia Sideral, com o encargo de legar um futuro mais promissor a toda a humanidade.

Todos os irmãos precisam fazer o contato diário em preces e meditação com nosso Senhor Jesus, para que aumentem o foco de luz do diadema concomitante com uma assistência espiritual mais fácil e rápida, inclusive aos demais irmãos que estejam próximos. Para os irmãos terem uma vaga ideia do que estou lhes dizendo, em uma grande catástrofe com milhares de vítimas, mesmo para o plano espiritual fica muito difícil poder prestar pronta assistência a todos os irmãos, inclusive os desencarnados. Porque nesse momento angustiante e desesperador existem muitos pedidos falsos, como também pedidos insignificantes feitos mais pelo temor que pela necessidade de assistência. Tudo isso, em uma mescla muito grande, se torna um emaranhado que dificulta muito a necessária assistência das Forças Superiores aos irmãos realmente necessitados. Daí a participativa integração dos irmãos de mente esclarecida, que transformam a projeção mental em uma participativa assistência às vítimas, em conjunto com o plano espiritual.

Meus amados irmãos, pratiquem a higienização mental, retirem o lixo mental acumulado e desobstruam sua mente: arejem-na e aprendam a usar seu magno potencial até então inerte, sufocado pelo marasmo do lixo mental. Na higienização mental, assim que as coisas ruins forem saindo, as boas vão entrando e, com elas, uma felicidade muito grande!

Meus amados, aceitem meu forte e amoroso abraço.

Do seu saudoso amigo,

Mateus

35ª Mensagem

1. O diadema iluminado afasta os intentos maquiavélicos das trevas. 2. O núcleo atômico da célula. 3. Um paradoxo indefinido.

AUTOR: MATEUS – DATA: 22.5.1985
Quarta-feira – Início: 2h30 – Término: 3h20

Glória ao Pai, ao Filho e ao Espírito Santo.

Amados irmãos encarnados, salve!

Mais uma vez estamos reunidos para servirmos nosso iluminado Mestre e Salvador, nosso Divino Jesus Cristo de Nazareth.

Senhor Jesus, nós lhe rendemos graça por mais este momento servindo-o. Meus irmãos, o plano espiritual está em constante vigília, para impedir os mais terríveis atos dos irmãos atuados pelas forças das trevas. Os irmãos precisam cultuar mais a Divindade em preces, meditação e obras, pois o diadema iluminado afasta os intentos maquiavélicos das trevas. Enquanto encarnados, sempre haverá muita oportunidade para se praticar boas ou más ações, se assim desejarem. Mas, vejam bem, irmãos, pois se tivessem de beber do mel de sua colheita, então é bom que pensem um pouco mais no assunto!

Atualmente, com todos os prós e contras, com tantos cenários sumamente provocantes, por não dizer enfraquecedor, onde muitas vezes é melhor abaixar as vistas que olhar de frente... Tudo deve ser levado em conta, para quem de direito se mantiver afastado da vida intensa e consequente.

Por todas as dificuldades citadas nas linhas anteriores e por evidentemente haver poucos irmãos afastados de tal vivência, o plano espiritual possui poucos obreiros neste plano. Poucos sim, mas, graças à eficiência dos mesmos, esses batalhadores irmãos são suficientes para manter a soberania das Forças do bem; o equilíbrio necessário para impedir um planeta de entrar em franca desintegração.

Se todo o potencial da força do amor pudesse ser analisado, certamente comprovaria que essa energia é o núcleo atômico da célula, que lega vida a tudo que existe no planeta; a energia indispensável para manter a célula em perfeita atividade atômica. Com essa minuciosa explicação, acredito que os irmãos leitores entenderam melhor o porquê de um planeta entrar em desintegração; fato inquestionável tanto aqui no plano espiritual quanto no plano físico.

Meus amados irmãos, suas preces diárias, seguidas da meditação, são de um valor inestimável para o plano espiritual, físico, e principalmente para os próprios irmãos praticantes. Como tantas incansáveis vezes eu já disse, não adianta nada fazer o bem e simultaneamente o mal. Ser amoroso e ao mesmo tempo agressivo, eis aí um paradoxo indefinido, pois quem de direito ainda não aprendeu dominar o ímpeto irracional que o desqualifica, dado o perigo que ele representa aos demais de sua periferia.

Amados, suas ações boas e construtivas, as quais legam felicidade aos seus irmãos de jornada, é que os salvarão de um calvário com muito sofrimento. Em seu dia a dia, o amor e fé com a prática do bem devem sobrepujar todas as manifestações contra o progresso dual propriamente dito, a chave que abrirá a porta para a redenção espiritual!

Meus amados, um forte abraço.

Do seu amigo,

Mateus

36ª Mensagem

1. A perfídia existente na maior parte das famílias. 2. A liberdade espiritual. 3. O encontro de velhos inimigos.

AUTOR: MATEUS – DATA: 7.6.1985
Sexta-feira – Início: 2h45 – Término: 3h30

Glória ao Pai, ao Filho e ao Espírito Santo.

Amados irmãos encarnados, salve!

Mais uma vez estamos reunidos para servirmos nosso iluminado Mestre e Salvador, nosso Divino Jesus Cristo de Nazareth.

Nosso Divino Mestre Jesus, o plano espiritual e o físico necessitam de sua amorosa participação, ajudando a criar o progresso. Por mais que eu tente esclarecer a importância de os irmãos estarem encarnados e palmilhando o plano físico, sei que, mesmo com todos os argumentos possíveis, ainda assim infelizmente deixarei a desejar para um grande número de irmãos insensíveis e incrédulos, que não se satisfazem com nenhuma explicação: irmãos com quem o plano espiritual tem de ser mais enérgico, legando lhes lições mais rudes.

A perfídia existente na maior parte das famílias faz parte dos últimos tempos, ou seja, o encerramento do ciclo de existência de um grande número de espíritos. Nesse pouco tempo restante para encerrar o ciclo de encarnações, o plano espiritual uniu velhos inimigos, para ajudá-los a pôr fim às rivalidades seculares e darem as mãos de amigos, finalmente pondo fim a antigos episódios malévolos! Portanto, irmão leitor, se esse for seu caso, por mais que você o desconheça, seja mais inteligente, prudente e tolerante, reconquiste essa velha amizade, ganhe maior soma de luz e um novo amigo!

Dentro do espaço e tempo, nada poderá ser mais prejudicial que a inimizade, a qual tira a liberdade vibratória do opositor. Como meus irmãos leitores podem ver, a liberdade espiritual é uma grande conquista, no entanto a pobreza é um dos itens principais para livrar qualquer irmão da investida do mal. Enquanto neste plano a maioria das rivalidades gira em volta dos bens materiais, sem tal fator essas desavenças deixam de existir.

Na família há o encontro de velhos inimigos, evidentemente a última tentativa no resgate muito difícil de aplacar o ódio existente entre os espíritos, contraído em vidas passadas. O amor consanguíneo indiscutivelmente é um forte recurso, que dentro de uma existência normalmente põe fim à rivalidade e ao ódio de inúmeras vidas passadas. Amanhã, de volta ao plano espiritual, os irmãos encontrarão respostas satisfatórias e convincentes, do porquê dos atos agressivos de que foram alvo; principalmente dos familiares.

O melhor a fazer é sempre tomar medidas sensatas e destituídas de qualquer agressão; no entanto, se no momento conturbado o irmão não poder ter uma ação amorosa, apesar dos pesares, que também não seja agressiva. No momento em que houver o desentendimento, seja ele qual for, os irmãos mais esclarecidos devem orar e pedir ajuda ao plano espiritual, que imediatamente mandará iluminados espíritos virem apaziguar a contenda.

Meus amados, aceitem meu forte e amoroso abraço, que as bênçãos de nosso Divino Jesus recaiam sobre todos vocês.

Do seu amigo,
Mateus

37ª Mensagem

1. Paixões carnais ainda primárias. 2. Completar o ciclo de encarnações. 3. Morosa evolução espiritual.

AUTOR: MATEUS – DATA: 18.6.1985
Terça-feira – Início: 23h05 – Término: 23h50

Glória ao Pai, ao Filho e ao Espírito Santo.

Amados irmãos encarnados, salve!

Mais uma vez estamos reunidos para servirmos nosso iluminado Mestre e Salvador, nosso Divino Jesus Cristo de Nazareth.

O plano espiritual não pode permitir que os atos dos maldosos reincidentes retardatários prejudiquem os demais irmãos livres das más influências. Com essa afirmação deixo evidente que não há tempo para ser perdido com infantilidades vindas de paixões carnais ainda primárias, por obviamente já ter se esgotado o tempo necessário para essa estirpe de espírito resgatar a dívida cármica e conseguir maior evolução espiritual.

Como tantas e tantas vezes já disse, com a evolução dual já alcançada e com novos espíritos começando um novo ciclo de encarnações, evidentemente este plano não pode de forma alguma continuar hospedando esses espíritos reincidentes refratários ao progresso. Assim sendo, não há outra opção a não ser recolhê-los e enviá-los para outros planos, mais compatíveis com a necessidade espiritual dos mesmos, com todo o tempo necessário para ajudá-los a desgastar as manifestações ainda um tanto animalizadas e poder evoluir.

Portanto, esse complexo número de espíritos com uma mescla evolutiva muito grande, mais todos os demais fatores, essenciais em uma reforma planetária. Para a felicidade geral, o plano espiritual finalmente optou pela retirada e envio dessa etnia de espíritos impermeáveis ao progresso para outros planos. O que será feito com o desencarne, inclusive causado pelos acontecimentos transformatórios e adjacentes. Tudo feito com muito esmero e amor, para que todos esses espíritos aprendam que só o amor constrói!

Caros irmãos leitores, em todo o planeta já se falou muito em santos, em iluminadas entidades, disso ou daquilo; no mundo inteiro já existem milhões e milhões de toneladas de papel com tais impressos. Labor que em sua plenitude não obteve o resultado esperado, por ter sido lentamente manuseado aqui e ali por poucos irmãos despertando para a espiritualidade.

Tudo isso em tempos idos, quando o fator tempo não era escasso, mas já com poucas décadas para a maioria completar o ciclo de encarnações, já não é mais possível manter essa morosa evolução espiritual. Agora os irmãos despertos e decididos precisam se manter diariamente ligados à Divindade em preces e meditação, para se fortalecerem física e espiritualmente e não serem impedidos de praticar boas obras, em prol de seus irmãos de jornada. Ademais, atualmente, com todos os manifestos dos irmãos, dispostos a desfrutar ao máximo o curto período de tempo encarnado, isso realmente torna muito difícil a escalada dos últimos degraus desse ciclo evolutivo.

Amados irmãos, saibam ver por um prisma construtivo, amoroso e simples, deixem a malícia para os que querem juntar brasas na cabeça! Sejam sensíveis à dor e ao sofrimento do próximo, façam tudo ao seu alcance e força em prol dos necessitados e deixem os demais por conta da Divindade, que lhes legará o que realmente for necessário.

Seja lá qual for a circunstância, nunca jamais duvidem da justiça Divina, porque mesmo sendo lenta, ela nunca falha! Iluminem sua mente. Todos os dias o sol nasce, aquece e ilumina todos; portanto, deixem a luz entrar e afastar as trevas. Os irmãos servidores da Divindade possuem o escudo indevassável por quem quer que seja, barreira inexpugnável criada pela Divindade para proteger os irmãos do assédio das trevas.

Amados irmãos, aceitem meu forte, saudoso e amoroso abraço.

Do seu saudoso amigo,

Mateus

38ª Mensagem

1. Aprender a conter o ímpeto. 2. Irrefutável intervenção Superior. 3. Onde o amor e a fé são a senha de entrada.

AUTOR: MATEUS – DATA: 17.7.1985
Quarta-feira – Início: 1h10 – Término: 2h25

Glória ao Pai, ao Filho e ao Espírito Santo.

Amados irmãos encarnados, salve!

Mais uma vez estamos reunidos para servirmos nosso iluminado Mestre e Salvador, nosso Divino Jesus Cristo de Nazareth.

O plano espiritual fica em perfeita sincronia com quem deseja trabalhar e legar bons frutos, tanto ao planeta quanto aos irmãos encarnados... Irmãos, ainda não há muito a temer, só depois que a reforma global for intensificada é que realmente o temor terá plena justificativa. Conquanto o pressentimento do curto período de tempo restante, para o retorno ao plano espiritual, aumentará muito mais para certos irmãos.

Os irmãos precisam aprender a conter o ímpeto, antes de praticar uma ação em desacordo com o grau evolutivo já alcançado. Afinal, parar para pensar não faz mal a ninguém, muito pelo contrário, pois as coisas boas precisam ser preservadas para que o espírito possa evoluir.

O plano espiritual realmente está tomando as medidas necessárias para impedir as ações sumamente prejudiciais ao planeta e a toda a humanidade. Portanto, não adianta nada o parlamento aprovar este ou aquele artigo de lei, se o plano espiritual não estiver de acordo com tal resolução.

Para evitar maiores consequências, a protelação chegou ao fim; portanto, quem não agir construtivamente, inexoravelmente será recolhido pelo plano espiritual. Sem nenhuma sombra de dúvida é um importante alerta, para deixar todos os dirigentes de todas as nações cientes dessa irrefutável intervenção superior. Com o planeta praticamente entrando em reforma de caráter global, o plano espiritual em hipótese alguma permitirá que sejam criadas situações que dificultem ainda mais a longa transição transformatória, por sinal já sumamente difícil. Portanto, com essa longa fase tumultuada de graves consequências, os irmãos devem dar as mãos de amigos e se auxiliarem mutuamente em todas as dificuldades, dor e sofrimento; almejado objetivo que nos faz trabalhar incansavelmente!

Os irmãos nem sequer podem imaginar o que fazemos para ajudar a manter a paz, o amor e entendimento entre os povos. Somos um número incontável de espíritos encarnados e desencarnados, trabalhando nessa nobre causa. Portanto, aqui e agora eu faço os irmãos leitores saberem que nosso Divino Jesus nos legou várias concessões para usarmos em nosso trabalho.

Queridos irmãos, não subestimem o que estou lhes transmitindo, creiam, não há vangloriamento; somente a verdade. Com este trabalho espiritual, objetivamos legar o esclarecimento espiritual a todas as etnias, para tanto temos o necessário apoio maciço do plano espiritual. Desse modo, com essa revelação, acredito que gregos e troianos saberão como agir, mesmo porque, dependendo do trabalho abraçado pelos irmãos e irmãs, o plano espiritual por ordem Divina lega toda assessoria e proteção.

Irmãos leitores, eu lamento profundamente que muitos irmãos e irmãs ainda não desfrutem das coisas maravilhosas vindas das preces e meditação diária. Amados, busquem aquilo que este plano não pode lhes legar, descubram o mundo maravilhoso onde o amor e fé são a senha de entrada. Irmãos de posteriores jornadas, diariamente em preces e meditação busquem nosso Divino Mestre Jesus e tenham uma incalculável felicidade. Não fiquem vazios, não sejam sacos de fumaça e sim cheios de amor e fé, a condição necessária para poder servir de instrumento às altas entidades do plano espiritual.

Sejam porta-vozes e esperança para os que sofrem, mostrem a magnificência da força de nosso Divino Mestre Jesus. Em hipótese alguma permitam que a beleza de sua pureza e simplicidade seja sobrepujada pelo que quer que seja. Façam tudo com amor e pureza de mente e nada temam! Irmãos, unifiquem-se à Divindade e no dia a dia certamente terão muitas oportunidades, para comprovar o valor dessa angelical unificação. Lembrem-se sempre de que o bem só aflora do bem e o mal do mal; portanto, saibam conquistar a eterna felicidade: enquanto encarnados, os irmãos têm em mãos a semente e o solo para cultivar, tudo depende unicamente das decisões e práticas de cada um!

Do seu saudoso amigo,

Mateus

39ª Mensagem

1. Durante a reforma global. 2. Aumentará o foco de luz do diadema. 3. Basicamente viver em dois planos.

AUTOR: MATEUS – DATA: 15.9.1985
Domingo – Início: 2h33 – Término: 3h35

Glória ao Pai, ao Filho e ao Espírito Santo.

Amados irmãos encarnados, salve!

Mais uma vez estamos reunidos para servirmos nosso iluminado Mestre e Salvador, nosso Divino Jesus Cristo de Nazareth.

Queridos irmãos, o plano espiritual necessita de sua ajuda livre, espontânea e amorosa, para fazer a reforma global. Sua contribuição na divulgação do esclarecimento espiritual legado por este trabalho será de grande ajuda às Forças Superiores, a todos os irmãos, ao planeta e ao nosso Salvador Jesus. Todos devem se unir nessa causa, a qual, se for bem-sucedida, legará maior felicidade, principalmente aos espíritos que futuramente estagiarão nessa casa planetária.

Assim que os acontecimentos de ordem transformatória tiverem início, os irmãos leitores comprovarão a veracidade deste trabalho. O grande valor que ele representará para esse plano e a toda a humanidade, especialmente durante a reforma global. Os irmãos que derem ouvidos e procurarem se preparar física e espiritualmente para essa fase atumultuada de grandes catástrofes, sem nenhuma sombra de dúvida terão muitos fatores a favor, principalmente a rápida assistência das Forças Superiores no momento que necessitarem de auxílio. A amorosa ligação diária em preces e meditação cultuando a Divindade aumentará o foco de luz do diadema, o qual por si só nos momentos críticos legará mais facilidade para as Forças Superiores localizarem e assistirem aos irmãos envolvidos pelas ações transformatórias.

Meus irmãos, daqui para a frente, o bom senso aliado à moral deve afastá-los do mau exemplo praticado pelos irmãos envolvidos pela vida ao deus-dará, libertina e consequente. O afastamento desse viver consequente e nocivo para o espírito será de grande ajuda no cumprimento sua missão, que evidentemente não será nada fácil e dependerá muito do bom posicionamento espiritual, com uma vivência simples, humilde e sempre ligados à Divindade em preces, meditação, e sendo praticantes das boas obras.

Amados irmãos, não adianta nada construírem castelo de areia, o que de certa forma pode ser considerado como uma soma de bens materiais obtidos com tanto sacrifício, que implica em contenções e sobrecargas, que debilitam o corpo físico e provocam um retorno antecipado ao plano espiritual. Para que o destino se cumpra integralmente, é necessário que tudo seja feito racionalmente sem nenhum exagero, sobrecarga e desrespeito a nenhum direito básico do corpo físico.

Dentro das 24 horas diárias há tempo para tudo ser feito racionalmente, principalmente para o corpo físico ser tratado com todo zelo e amor. Em uma vivência amorosa e inteligente, há tempo para trabalhar, estudar, fazer o lazer, orar, meditar e finalmente repousar e dormir. Tudo isso feito normalmente, quando a ambição material não sufoca as demais funções ou quando a letargia mental (preguiça) não toma conta da pessoa.

Irmãos, sua passagem por este plano é muito rápida, o período de cinco, seis ou mais décadas passa rapidamente. Já notaram isso? O tempo passa tão rápido que, quando os irmãos começam a adquirir maior soma de conhecimento e experiência, praticamente já está na hora do retorno ao plano espiritual.

A vida espiritual ininterrupta não permite inconstância, com o que se compreende que, assim que termina (a missão), o que se veio fazer nesse plano sem nenhuma dúvida o retorno se dá automaticamente. O espírito, em sua ininterrupta infinita ascensão evolutiva, necessita viver basicamente em dois planos, ou seja, no espiritual e no físico, com períodos de tempo intercalados, necessários para ajudá-lo a adquirir maior soma de conhecimento (luz), legada pela experiência com "M" motivações em cada plano.

Meus amados despedindo-me, rogo ao nosso iluminado Mestre Jesus que os abençoe e proteja.

Do seu saudoso amigo,

Mateus

40ª Mensagem

1. Naves lotadas de passageiros deixam o planeta. 2. Intermitência no fluxo magnético dos demais planetas. 3. Falem com o nosso Senhor Jesus com pureza de palavras.

AUTOR: MATEUS – DATA: 20.11.1985
Quarta-feira – Início: 3h00 – Término: 4h00

Glória ao Pai, ao Filho e ao Espírito Santo.

Amados irmãos encarnados, salve!

Mais uma vez estamos reunidos para servirmos nosso iluminado Mestre e Salvador, nosso Divino Jesus Cristo de Nazareth.

Neste momento, enquanto a maioria dos irmãos e irmãs está dormindo, nós estamos fazendo este trabalho para servirmos nosso amado Mestre Jesus.

Com todos os acontecimentos que estão começando a ocorrer, quer seja o despertamento dos vulcões, inundações, maremotos, tufões, tornados e outros tantos manifestos, tudo isso indica que o planeta realmente está entrando em reforma. Portanto, os irmãos devem se preparar, física e espiritualmente, para os inúmeros fatos imprevisíveis que começarão a acontecer em todo o planeta.

Essa ocorrência não vai parar tão cedo, muito pelo contrário, pois se trata de uma grande reforma global evidentemente longa. Por mais que muitos irmãos tentem, realmente não haverá chance de fugir dos fatos, pois no mar, ar e terra os irmãos sempre se defrontarão com a fúria dos elementos, trabalhando para reformar o planeta. Mesmo que inúmeras naves lotadas de passageiros deixem o planeta e entrem em órbita, mesmo assim não estarão livres dos acontecimentos oriundos da fase transformatória. Visto que se na Terra haverá os acontecimentos mencionados anteriormente, no espaço haverá outros fenômenos com reações totalmente desconhecidas, por se tratar de forças vindas dos demais planetas deste sistema solar.

O equilíbrio planetário deste sistema solar será alterado, com o deslocamento deste planeta para outra área totalmente rarefeita. Assim sendo, enquanto não houver um novo alinhamento dos planetas no ciclo planetário de recebimento da energia solar, o equilíbrio total deste sistema solar não será restabelecido.

Durante a fase transformatória, na própria agricultura ocorrerão muitos fenômenos, visto que em certas áreas agrícolas os vegetais não crescerão e em outras os mesmos vegetais serão fenomenalmente desenvolvidos. Tudo isso se deve à irregularidade da atuação instável de nosso satélite natural (a Lua), causada pela intermitência no fluxo magnético dos demais planetas que não encontram os canais estáveis, em decorrência do movimento irregular deste planeta. Conquanto pequenos lagos e até o mar morto vão secar, enquanto os oceanos elevarão o nível d'água, principalmente o Atlântico e Pacífico. Portanto, como os irmãos leitores podem ver, tudo é muito sério, e inevitavelmente a dor causada pelos desencarnes e outras tantas grandes perdas, serão pranteadas com muita comoção e copiosas lágrimas na maioria dos lares.

Agora só há uma saída, aceitar tudo com a convicta certeza de que a mão do Criador está em cima de tudo. Tenham fé, sejam simples, deixem os que amam a vida irresponsável e consequente, congreguem com os que seguem seu padrão de vida moralmente progressista.

Meus amados, orem e meditem diariamente, façam o contato diário com nosso Salvador Jesus, conversem com Ele, expliquem seus problemas e dificuldades. Falem com nosso Senhor Jesus com pureza de palavras e fé, convictos de que Ele os está ouvindo com muito amor. Portanto, irmãos, pés no chão e olhos no alto. Vivam o dia a dia terrestre com o amor e a fé voltados para o Alto! "Viver é fácil, mas viver construtivamente, isso realmente não é tão fácil assim!"

Os irmãos não devem jamais ignorar os problemas de seus irmãos de jornada, pois ao virarem as costas para os mesmos, estarão virando as costas para sua própria evolução espiritual. Lembrem sempre que fugir seja lá do que for nunca resolveu o problema de ninguém, pois se o problema existe evidentemente ele precisa ser resolvido, pois enfrentando-o, trabalhando e encontrando a solução ele deixará de existir!

Meus amados, aceitem meu forte e saudoso abraço.

Do seu amigo,

Mateus

41ª Mensagem

1. Inúmeros imprevisíveis acontecimentos transformatórios. 2. Creiam na existência da vida espiritual. 3. Cidadãos universalistas.

AUTOR: MATEUS – DATA: 4.12.1985
Quarta-feira – Início: 3h20 – Término: 4h30

Glória ao Pai, ao Filho e ao Espírito Santo.

Amados irmãos encarnados, salve!

Mais uma vez estamos reunidos para servirmos nosso iluminado Mestre e Salvador, nosso Divino Jesus Cristo de Nazareth.

Amados irmãos leitores, como veem, infelizmente tudo está ficando cada vez mais difícil e, por incrível que pareça, ainda não há nenhuma solução para resolver os graves problemas. Atualmente é preciso ter muita cautela, pois no menor descuido coisas não gratas com lamentáveis resultados acontecem aos irmãos e irmãs desatentos. Portanto, é preciso estar sempre alerta, porque quer queiram ou não coisas ruins infelizmente acontecem por toda parte.

O planeta está entrando em uma reforma de caráter global, isso evidentemente implicará inúmeros imprevisíveis acontecimentos transformatórios, que causarão grandes devastações. Acreditem que o planeta vai sacolejar, tudo é apenas uma questão de tempo com eventuais fatos para tal.

Com milhares de anos decorridos e o crescimento vegetativo demandando maior produção de alimentos, quanto de outros fatores sumamente importantes ao progresso, com tudo já minuciosamente estudado pelo plano espiritual, mais de dois milênios atrás, sem mais protelações o planeta está entrando em reforma global, a qual legará soluções para todos os atuais problemas insolúveis, concomitantemente legando um melhor padrão de vida a toda a humanidade. Isso evidentemente não no início, mas somente após já terem transcorrido no mínimo de 50 a 60 anos, ou seja, em 2050 ou, no mais tardar em 2060 em diante.

Irmãos, façam o contato diário em preces e meditação com nosso Senhor Jesus e encontrem soluções para seus problemas, inclusive aos de seus irmãos de jornada. Olheiros de nosso Senhor Jesus, quando em preces e meditação, intercedam em busca de solução para as carências observadas. Amorosos observadores do plano espiritual, arregacem as mangas e trabalhem nessa causa nobre de caráter coletivo. Tenham fé, acreditem em si mesmos sendo real centelha Divina, creiam na existência da vida espiritual, irrefutável no que tange à consciência universal.

Não percam tempo buscando futilidades, assumam seus deveres e responsabilidades de cidadãos universalistas; já não há tempo para ser perdido tentando esclarecer quem não deseja se espiritualizar. Portanto, irmãos, não percam seu precioso tempo nessa vã tentativa, procurem, sim, legar esclarecimento espiritual aos que realmente se manifestam desejosos; afinal, "Água se dá a quem tem sede". A dor e o pranto serão cada vez mais pronunciados, pois o que não veio pelo amor, agora sem nenhuma sombra de dúvida virá pela dor!

Toda irreverência tão cultuada há milênios, pelo prazer e as coisas contrárias ao progresso evolutivo, terá um alto preço. Os espíritos irreverentes, reincidentes e impermeáveis ao progresso, amor e fé tomarão parte dessa reforma global para fazer o ajuste de conta e corrigir o mal que fizeram anteriormente em inúmeras encarnações, com as quais impregnaram a aura do planeta com todo tipo de miasmas e ondas nervosas, uma força sumamente nociva que, entre tantos males, tem causado guerras e doenças terríveis, como o câncer e outras tantas enfermidades ainda incuráveis, e uma maléfica perturbação psíquica, que faz a humanidade alimentar o ódio e aumentar a violência.

Caros irmãos, haja o que houver, não percam a calma, para tudo sempre haverá uma solução pacífica, ordeira e amorosa, que os libertará do carma em trâmite.

Meus amados irmãos, saudoso e desejoso de lhes dar um forte e amoroso abraço, eu me despeço.

Do seu amigo,

Mateus

42ª Mensagem

1. Entrar em fúria e contra-atacar. 2. Meditação com o nosso Senhor Jesus. 3. Tirar a venda da ambição material.

AUTOR: MATEUS – DATA: 28.12.1985
Sábado – Início: 3h00 – Término: 4h10

Glória ao Pai, ao Filho e ao Espírito Santo.

Amados irmãos encarnados, salve!

Mais uma vez estamos reunidos para servirmos nosso iluminado Mestre e Salvador, nosso Divino Jesus Cristo de Nazareth.

Neste instante, unidos pela força da fé e vontade de servir nosso Nazareno Jesus, somando um grande número de iluminados espíritos, nos unimos ao nosso intermediário mediúnico do plano físico, para fazermos este trabalho de cunho essencialmente espiritual. Como já é do conhecimento geral, este planeta precisa passar por uma reforma de caráter global, com tudo projetado, esquematizado e no tempo certo para ter início. Uma mega reforma planetária sem precedentes na história, que já está começando a causar imprevisíveis acontecimentos na superfície e no subsolo; para a qual os irmãos devem se preparar física e espiritualmente.

Os atuais responsáveis pelo crescente índice de poluição no mar, ar e terra necessitam ser urgentemente desativados, sendo que as soluções para conseguir esse objetivo verdadeiramente não serão nada fáceis. Pois, para o total sucesso desse megaempreendimento, a mãe natureza vai juntar forças com os demais poderosos elementos, entrar em fúria e contra-atacar; para que depois haja bonança.

Fatos imprevisíveis subitamente começarão a ocorrer e causar o desencarne de dezenas de centenas de irmãos, o dito recolhimento coletivo, envolvendo muitos irmãos já predestinados para esses acontecimentos. Portanto, pelo sim ou pelo não, os irmãos devem estar com a bagagem pronta para a grande viagem sem volta, que pode ocorrer a qualquer momento. Portanto, seu contato diário em preces e meditação com nosso Senhor Jesus deve ser ininterrupto.

Queridos irmãos, não encham os olhos com os bens materiais, saibam utilizá-los construtivamente, mas não se prendam a nada. O perecível deve ceder lugar ao imperecível, pois as coisas espirituais devem ter maior prerrogativa. A consciência de sua imortalidade espiritual deve ser constante; essa consciência universal se transforma no corrimão duplo, que em hipótese alguma os deixará ser envolvidos e vencidos pelos assédios das forças do mal.

O fortalecimento espiritual obtido por intermédio das preces, meditação e desprendimento físico lega uma saudável condição física e espiritual, notada por todos. Quando a parte física já não consegue envolver um irmão, a libertação do apego material lhe legará muita felicidade. As coisas lindas existentes criadas pela Divindade têm o nobre propósito de agradar e deleitar os espíritos estagiários e os demais. Inúmeros irmãos precisam tirar a venda da ambição material, para tão somente depois poderem ver as coisas lindas que os rodeiam. Por essa libertação ser muito difícil, na maioria dos casos ela deixa muito a desejar, pois só a morte consegue libertar a maioria dos irmãos.

Meus amados, nesse trabalho espiritual em contato com nosso instrumento mediúnico, nós sentimos os liames dessa vida de uma forma livre, em perfeita harmonia com tudo. Para nosso instrumento tudo é visto de forma livre, amorosa e sem apego, o que nos deixa muito felizes.

O plano espiritual precisa cada vez mais de instrumentos mediúnicos desse naipe, irmãos que nos abrem as portas para que possamos fazer nosso trabalho. Temos uma grande dívida de gratidão com esses irmãos, pois eles nos legam essa raríssima possibilidade. Aqui no plano espiritual são poucos os espíritos que possuem essa maravilhosa oportunidade de transmitir seu trabalho para o plano físico, muito embora inúmeros espíritos desejem essa dificílima oportunidade, dado o raríssimo número de irmãos que amorosamente se dedicam a esse trabalho. Com esse esclarecimento, os irmãos leitores podem constatar com quanta felicidade, carinho e amor as iluminadas entidades aceitam os irmãos encarnados que desejam trabalhar com o plano espiritual.

Meus amados, um forte e saudoso abraço.

Do seu amigo,

Mateus

43ª Mensagem

1. A passos de tartaruga. 2. O uso da mortalha. 3. Num mundo de coisas lindas jamais sonhadas.

AUTOR: MATEUS – DATA: 15.10.1986
Quarta-feira – Início: 2h45 – Término: 3h45

Glória ao Pai, ao Filho e ao Espírito Santo.

Amados irmãos encarnados, salve!

Mais uma vez estamos reunidos para servirmos nosso iluminado Mestre e Salvador, nosso Divino Jesus Cristo de Nazareth.

A espiritualidade precisa ser desenvolvida cada vez mais, para que o clima de amor envolva toda a humanidade e haja paz entre os homens. A força espiritual em cada irmão tem de ser aflorada, pois a essência da vida precisa ser conhecida por todos. Os grandes mestres da espiritualidade deram o exemplo, transmitindo o esclarecimento espiritual por várias épocas, o qual infelizmente não foi devidamente assimilado. Fator que tornou evidente o endurecimento espiritual causado pelo materialismo, que fez o progresso espiritual caminhar a passos de tartaruga. Com isso, o plano espiritual ficou impossibilitado de poder legar maior soma de esclarecimento, porque fatalmente só seria utilizado no campo negativo e causaria maior mal a toda a humanidade.

O processo químico de ligação material e espiritual utilizado pela humanidade só muda por força da incontingência do progresso material, que obriga a haver mudanças. Na maioria dos casos, a cegueira material só obedece a esse parâmetro, se não fosse assim atualmente ainda estaria mantido o uso da mortalha, do luto e outros tantos antigos costumes, especialmente no que tange ao desencarne. Irmãos, realmente é difícil admitir essa irrefutável realidade, mas se quisermos professar a verdade e sermos lúcidos, não podemos fugir dessa incontestável verdade.

Daqui do alto observamos a tudo; no entanto, raramente somos recompensados com uma observação amorosa. Na maior parte dos casos, os irmãos e irmãs não sentem sua rápida passagem transitória por esse plano ou, na melhor das hipóteses, somente quando já estiver de idade avançada ou acometido de grave enfermidade; evidentemente uma dura realidade que não pode ser contestada por quem quer que seja.

O vazio espiritual causado pela falta da espiritualidade sem dúvida é uma lacuna muito profunda. Sem a força interna da espiritualidade, o amor vai esfriando e concomitantemente a ação maquinal fria e calculista vai tomando conta do ser humano. Fator que obriga as Forças Superiores a tomarem duras medidas, para poder impedir o prosseguimento desse endurecimento material tão nocivo ao espírito.

Irmãos, o culto à Divindade em preces e meditação deve ser feito diariamente; essa prática demonstra o agradecimento consciente e amoroso por toda a proteção recebida. Sem esse despertamento de consciência, o espírito embrutece e as más decisões causam muito sofrimento. Portanto, enquanto encarnado e não tendo uma ampla visão do hoje e do amanhã, a Divindade intercede e por intermédio de seus obreiros tira os irmãos do caminho espinhoso. Conquanto eu deixe, incontestavelmente esclarecido e comprovado, o valor do pedido de ajuda feito por quem ama e intercede pelos irmãos necessitados. Portanto, o pedido feito seja lá por quem quer que seja, sempre será atendido e o necessitado receberá o que for necessário!

Irmãos leitores, orem e meditem diariamente, se possível à noite antes de deitarem. Essa prática ativa a chama do amor, aquece o coração e lega a participação em um mundo de coisas lindas jamais sonhadas. A felicidade está ao alcance de todos, mas o amor é a única chave que abre o pórtico para um mundo novo, a quem já desenvolveu essa majestosa força interior.

Meus amados, aceitem meu forte e saudoso abraço.

Do seu amigo,

Mateus

44ª Mensagem

1. O magma está aumentando a pressão sobre a crosta terrestre. 2. A paz mundial com a sólida união das nações. 3. Uma série de anomalias espirituais.

AUTOR: MATEUS – DATA: 7.11.1986
Sexta-feira – Início: 1h15 – Término: 2h05

Glória ao Pai, ao Filho e ao Espírito Santo.

Amados irmãos encarnados, salve!

Mais uma vez estamos reunidos para servirmos nosso iluminado Mestre e Salvador, nosso Divino Jesus Cristo de Nazareth.

Queridos irmãos, atrás da bonança está a caminho uma surpreendente tempestade; tudo é apenas uma questão de pouco tempo. Este país até então ainda não teve um acontecimento telúrico que chamasse atenção, isso evidentemente por ainda não ter chegado a hora para tal manifesto, o que já não é mais admissível, pois este país também precisa passar pela reforma global.

Os irmãos precisam estar preparados física e espiritualmente para passar por grandes acontecimentos. O magma está aumentando a pressão sobre a crosta terrestre, com isso o despertar dos vulcões, o movimento telúrico e outros tantos fenômenos começarão a ocorrer em todo o planeta, inclusive em solo brasileiro.

Amados, não há como evitar essa fase tumultuada de inéditos acontecimentos transformatórios, que serão causadores de consequências mil a toda humanidade e... tudo isso realmente é extremamente necessário para todos, inclusive e principalmente ao planeta. Assim sendo, seu contato diário em preces e meditação cultuando a Divindade, haja o que houver, acima de tudo deve ser imprescindível, pois com os desencarnes cada vez mais pronunciados, aumenta a necessidade de maior assistência espiritual. Evidentemente tudo ao alcance dos irmãos e irmãs que já assumiram maior responsabilidade e procuram legar auxílio aos espíritos desencarnados.

A luz proveniente das preces e meditação diária dos amorosos irmãos e irmãs realmente é de suma importância na assistência espiritual aos irmãos que desencarnam nesses acontecimentos. Ademais, as Forças Superiores necessitam cada vez mais da força espiritual legada por cada espírito encarnado. Amados irmãos, cumpram o compromisso assumido antes de encarnar, portanto, seja lá por qual for o motivo, jamais deixem de orar e meditar diariamente.

Irmãos, para sua atual felicidade e muito mais pronunciada no futuro, não deixem os bens materiais afastá-los da espiritualidade. Em cada um de vocês existe uma força espiritual muito grande, que, se for aflorada e cultuada, por certo a reforma global transcorrerá com muito menos problemas. Povo unido, povo invencível, povo feliz! Agora mais do que nunca a paz mundial com a sólida união das nações se torna imprescindível, pois em decorrência da reforma global, a necessária assistência internacional às vítimas nas grandes catástrofes será cada vez maior. O grande recolhimento dos espíritos que já findaram o ciclo de encarnações, sem nenhum exagero, provocará uma série de anomalias espirituais nesses irmãos, facilmente reconhecidas pelos irmãos espiritualmente mais esclarecidos. Amados, não há nada a temer, tudo deve ser encarado naturalmente, pois Deus ama a todos igualmente e esse supremo amor não permitirá que os espíritos fiquem sem a devida assistência espiritual.

Amados irmãos, aceitem meu forte e saudoso abraço.

Do seu amigo,

Mateus

45ª Mensagem

1. Os efeitos da frieza humana. 2. Com menos catástrofes e desencarnes desnecessários. 3. Descortinar as mil cortinas ilusórias.

AUTOR: MATEUS – DATA: 3.3.1987
Terça-feira – Início: 3h10 – Término: 4h25

Glória ao Pai, ao Filho e ao Espírito Santo.

Amados irmãos encarnados, salve!

Mais uma vez estamos reunidos para servirmos nosso iluminado Mestre e Salvador, nosso Divino Jesus Cristo de Nazareth.

Sempre que nos reunimos, damos graça ao nosso Senhor Jesus por Ele nos ter concedido mais essa dádiva Divina.

Que a paz e o amor estejam em seus corações! O amor precisa ser mais desenvolvido nos corações; aliás, a humanidade carente como infelizmente está dessa Força Superior, já está sofrendo os efeitos da frieza humana com todo o seu agregado.

Queridos irmãos, não tomem parte do número descabido de frios materialistas, que as vistas não veem outra coisa. Desenvolvam a maravilhosa força interior do amor, orem e meditem diariamente, pratiquem boas obras e tratem o próximo com todo amor e respeito. O mundo precisa de muito amor, essa energia vital precisa ser desenvolvida em todos os corações, o planeta necessita dessa energia para poder passar pela fase transformatória, com menos catástrofes e desencarnes desnecessários. Os irmãos já sentiram como é maravilhoso ter amor no coração?

Os irmãos já viram como os necessitados ficam agradecidos, pela amorosa assistência recebida?

Os irmãos já notaram como nesse momento de agradecimento tudo fica tão lindo? Então, se os irmãos já passaram por essas edificantes experiências, certamente comprovaram que quem não possui a maravilhosa chama do amor sente um grande vazio; tal como se fosse um autêntico saco de fumaça. O interior de seu coração deve ser preenchido por essa vivificante energia, com esse fortalecimento o exterior será belo e coisas lindas serão feitas por todos vocês.

Irmãos, já é tempo de se libertarem dos grilhões materiais sobrepujantes, responsáveis pela maioria das missões fracassadas.

Amados, despertem e vivam o dia a dia com muito amor, sejam maravilhosos exemplos para os que precisam se fortalecer, evoluir e aumentar a força Divina pulsante em seu interior!

Como já foi dito tantas e tantas vezes neste trabalho, este planeta vai passar por uma inédita e longa reforma global, tumultuada de grandes acontecimentos transformatórios que ceifarão centenas de milhares de vidas. Quando fazemos tal relato, já sabemos que o mesmo terá pouco crédito e que, infelizmente, só quando envoltos pelos acontecimentos e sofrendo todas as agruras, é que a maioria já tardiamente verá a veracidade do mesmo. Tais revelações pertencentes ao futuro normalmente caem no descrédito de quem vive rodeado de conforto e bem-estar e que, portanto, jamais acreditará nesses futuros presságios. Irmãos que, mesmo quando envoltos por grandes acontecimentos, preferem sucumbir juntos de seus bens materiais a ter de deixá-los e se salvar.

Esse apego com a ilusória sensação de segurança desaparece como em um passe de mágica, assim que ocorre o desencarne e quem de direito se sentindo mais vivo que antes, não pode mais atuar no plano físico, comprovando assim que tudo que possuía já não lhe lega nenhum conforto, e isso o faz descortinar as mil cortinas ilusórias que empanavam o despertamento de consciência do bem e do mal, cometidos durante a vida inteira.

As tendências animalizadas são gradativamente eliminadas pela dilatação da consciência espiritual. As manifestações carnais oriundas da vida animal, necessárias na proliferação das espécies, serão refinadas até deixarem de existir. Conquanto seja a necessária qualificação, para quem de direito poder se iniciar em outro plano mais evoluído.

A promoção sempre será obtida pelos méritos, enquanto encarnado o espírito possui um número muito grande de vantagens para poder se promover. Isso porque, enquanto palmilhando esse plano e privado da memória espiritual, suas ações serão espontâneas e livres de toda e qualquer interferência, legitimando assim a pureza vinda do coração.

Meus amados, deixem tudo que não edifica nada ao espírito, pois o mesmo está agrilhoado pelo corpo carnal e sofrendo todas as motivações desse plano. Durante o ciclo de encarnações, ele precisa passar pelas experiências, para adquirir conhecimento e se libertar das manifestações animalizadas, contraídas no período de despertamento espiritual.

A vida é um sopro do Criador! Amados irmãos, meditem longamente sobre o assunto e comprovem que nessas poucas palavras está encerrada uma das maiores chaves enigmáticas que o espírito precisa conhecer.

Meus amados, aceitem meu forte e saudoso abraço.

Do seu amigo,

Mateus

46ª Mensagem

1. Amorosas recordações dos mortais. 2. Chega de tamanha frieza espiritual. 3. Estreita cada vez mais os laços amigos.

AUTOR: MATEUS – DATA: 1.5.1987
Sexta-feira

Glória ao Pai, ao Filho e ao Espírito Santo.

Amados irmãos encarnados, salve!

Mais uma vez estamos reunidos para servirmos nosso iluminado Mestre e Salvador, nosso Divino Jesus Cristo de Nazareth.

Nesta sexta-feira, tudo está muito bem preparado para podermos fazer um bom trabalho psicografado a serviço de nosso amado Mestre Jesus. No compêndio geral deste trabalho temos muito a dizer, com a finalidade de legarmos uma boa soma de conhecimento para quantos queiram se esclarecer.

Uma grande parte dos irmãos que desencarnam ficam muito decepcionados com seus parentes e amigos encarnados, pois com raras exceções eles logo são esquecidos completamente. Não que isso não seja necessário, mas, como o amor é infinito, isso requer no mínimo amorosas recordações dos mortais, as quais deixam os espíritos muito alegres e felizes.

Esse maravilhoso sentimento atravessa todas as fronteiras instantaneamente e lega muita alegria aos parentes e amigos em outra dimensão. Os irmãos não devem agir como se o parente ou amigo também estivesse espiritualmente morto, pois a morte é apenas do corpo físico. No que tange ao espírito imortal, livre do corpo físico ele continua vivo e atuante em outra dimensão; portanto, chega de tamanha frieza espiritual com tanta ingratidão! Amados irmãos, não sejam assim, sua separação dos parentes e amigos que já deixaram este plano é apenas temporária, logo estarão juntos novamente, pois o tempo neste plano passa muito rapidamente.

Suas amorosas preces em prol dos parentes e amigos que já partiram significa muito para todos eles. Esse afeto amoroso lhes faz muito bem e estreita cada vez mais os laços amigos. Lembrem-se sempre de que esses parentes e amigos poderão auxiliá-los nos momentos difíceis, pensem muito bem nisso e mudem para melhor seu conceito amoroso, com os entes queridos que já retornaram ao plano espiritual.

Daqui para a frente os percalços serão cada vez maiores, isso nos faz compreender que toda e qualquer ajuda sempre será muito bem-vinda. O que, aliás, não será muito fácil, em virtude, inclusive, de outros fatores de ordem espiritual, com a falta de luz nos diademas.

Amados irmãos, não estou exagerando em nada, na verdade a morosidade no desenvolvimento do progresso obviamente não pode continuar. Tudo que já fez época precisa ser desativado; ademais, o aumento das demandas não permite que as coisas obsoletas continuem sendo usadas, sem que possam aumentar o desenvolvimento do progresso. O planeta ininterruptamente necessita de novas invenções, para atender às demandas criadas pelo crescimento vegetativo na grande a pujança do progresso. Os irmãos com maior evolução espiritual são sumamente necessários no desenvolvimento do progresso em todas as áreas. O que torna essencial o maior conforto que todos precisam ter, para não serem bloqueados e deixarem de cumprir a missão, pois os espíritos precursores do progresso não podem ser prejudicados de forma alguma.

Este planeta já não pode adiar ainda mais a reforma global, portanto, só resta aguardar os fatos, pois, irmãos, querendo admitir ou não, ela já está tendo início. Se os irmãos observarem mais atentamente, verão claramente que tudo já está ficando superado e que, no geral, as dificuldades aumentam cada vez mais, sem que haja nenhuma solução que legue maior pujança de progresso. No contexto geral tudo está apenas sofrendo maior saturação, um círculo vicioso que não descortina maior pujança de progresso. Essa é uma profunda análise real, que pode ser comprovada a qualquer instante por quem quer que seja. Tudo está diante dos olhos de todos, indistintamente livre de qualquer filiação religiosa, política ou seja lá o que for!

Portanto, convém que os irmãos se preparem física e espiritualmente para um possível retorno que pode ocorrer a qualquer momento, causado pelos acontecimentos de ordem transformatória, se evidentemente for determinante na carta de vida.

Sem mais, feliz e saudoso, eu me despeço.

Do seu amigo,

Mateus

47ª Mensagem

1. Chafurdado no materialismo. 2. A chama que aquece o corpo físico. 3. Irmãos, não semeiem vento.

AUTOR: MATEUS – DATA: 17.6.1987
Quarta-feira – Início: 22h55 – Término: 23h50

Glória ao Pai, ao Filho e ao Espírito Santo.

Amados irmãos encarnados, salve!

Mais uma vez estamos reunidos para servirmos nosso iluminado Mestre e Salvador, nosso Divino Jesus Cristo de Nazareth.

O tempo passa rapidamente e todos nós ligados a esse trabalho temos de nos desdobrar para cumprirmos nosso cronograma. Queridos irmãos, sabemos que os assuntos referentes ao espírito não agradam à maioria dos irmãos chafurdados no materialismo. Mas como não podemos deixar esses irmãos entregues aos próprios infortúnios, não havendo outro jeito, temos de ser desagradáveis.

O corpo sem o espírito é uma matéria inerte que se desintegra em pouco tempo, no entanto o espírito é o centro ativo inteligente, a chama que aquece o corpo físico e lhe dá vida e movimento. Os irmãos necessitam prioritariamente de um bom esclarecimento e orientação, quando isso não acontece e os meios envolventes são ruins, infelizmente isso facilita o envolvimento e aceitação de tudo à volta. Um maquiavélico processo que faz bons espíritos com nobres propósitos fracassarem em importantes missões, em razão dos meios modelantes enfraquecedores do afloramento das forças internas.

Um bom desenvolvimento espiritual com o franco afloramento dos dons mediúnicos realmente é muito difícil de ser conseguido, até mesmo pelas organizações preparadas para esse evento. Enquanto neste plano as ações são muito imprevisíveis, pois em certos momentos se deseja algo ardentemente e logo em seguida tudo se desfaz surpreendentemente, um dos tantos manifestos próprios dos espíritos encarnados em busca de algo, no mais das vezes, está acima da própria perseverança para conseguir esse objetivo. Como os irmãos leitores devem saber, o plano espiritual não lega nada a quem quer que seja sem o devido merecimento.

Queridos irmãos, não se deixem levar pelos que desejam desencaminhá-los e torná-los companheiros da mesma etnia, conquanto proporcionando-lhes a egoísta satisfação de não estarem sós no velejar sem rumo, sem objetivo ou ponto de chegada. Longe disso, saibam manter seu curso em uma vivência sadia e virtuosa! Meus amados, acreditem, jamais estarão sós, seja lá qual for a circunstância, os irmãos sempre terão acompanhantes espirituais, simpáticos às suas ações boas ou más.

"Lembrem-se sempre de que pelo fruto se reconhece a árvore." A infantilidade espiritual faz parte da vida no plano físico, fora dele tudo toma outro rumo totalmente oposto, pois realmente se sabe quem é quem e aonde pertence. Sabemos que existem muitas teorias a esse respeito, com cada uma procurando ser a dona da verdade; ao que nos opomos veementemente. A correnteza d'água jamais correrá rio acima, assim também são nossas considerações à espiritualidade, que lega luz e não trevas.

Amados irmãos, creiam, tudo ficará cada vez mais difícil, pois ainda vai demorar para começar a surgir soluções que amenizem o crescente sofrimento, especialmente nos grandes centros urbanos, onde a maior parte das coisas diverge com a busca acirrada de melhor padrão de vida, infelizmente sem nenhuma consideração ao próximo.

Queridos irmãos, não semeiem vento, pois se o fizerem certamente colherão tempestades. O amor é a fonte sublime que suplanta todos os manifestos existentes nesse plano, com essa força espiritual jamais serão vencidos, aumentem esse escudo invencível e protejam os demais irmãos necessitados.

Nosso amado Mestre Jesus os observa, sejam seus serviçais e jamais serão alvos do mal. Não acreditem em outras coisas, mas, sim, no amor, na fé e na ação solidária de quem ama o próximo. Realmente tudo está ficando cada vez mais difícil, mas não impossível para quem deseja fazer o bem!

Meus amados, aceitem meu forte e saudoso abraço.

Do seu amigo,

Mateus

48ª Mensagem

1. A falta de adeptos nos templos. 2. A chama real da vida imortal. 3. Com o calcanhar de Aquiles.

AUTOR: MATEUS – DATA: 5.1.1988
Terça-feira – Início: 21h30 – Término: 22h25

Glória ao Pai, ao Filho e ao Espírito Santo.
Amados irmãos encarnados, salve!
Mais uma vez estamos reunidos para servirmos nosso iluminado Mestre e Salvador, nosso Divino Jesus Cristo de Nazareth.

Todos quantos que ainda vivem o período da infantilidade espiritual estão carentes de bons ensinamentos que lhes leguem o alicerce espiritual com toda a segurança. Essa demanda de ensinamentos espirituais até então foi deixada de lado, por não casar com as necessidades individuais dos responsáveis pelo trabalho de esclarecimento. Agora terá o desfecho da força negativa mantida por conveniência pessoal, tendo como resultado a diminuta frequência de adeptos nos templos.

Esse abuso vil praticado há tantos e tantos anos, aproveitando da inocência, do amor e da fé dos irmãos sedentos de conhecimentos, terá o que se pode chamar de revanche ou descrença, se assim entenderem melhor. Reação humana circunstancialmente inevitável, pois mesmo já estando em outra era, no entanto, os ensinamentos ainda estão confinados a tempos remotos, onde as necessidades eram outras; por sinal muito mais simples.

Tudo é apenas uma questão de pouco tempo, para então ser facilmente constatada a falta de adeptos nos templos religiosos, independentemente da filiação religiosa, sendo evidentemente maior nas filiações religiosas que saturaram mais os adeptos com ensinamentos já ultrapassados e obviamente fora da realidade e necessidade de um povo com muito sofrimento.

Amados irmãos, os ensinamentos religiosos precisam sofrer um melhor enquadramento às necessidades vigentes. O atual estado de coisas com pressões e necessidades cada vez maiores, para se obter o básico de uma vivência digna e saudável, está demandando gritos angustiantes por novas mudanças, na esperança de se obter melhores condições, tanto humanas quanto filantrópicas para toda a sociedade, com práticas mais reais livres do passado e com maior facilidade ao culto à Divindade.

A chama imortal da vida está sendo acobertada pelos dogmas religiosos, que objetivam outros interesses. Isso é muito sério, isso sim pode ser considerado um verdadeiro sacrilégio. A chama real da vida imortal tem de ser revelada por toda parte, todos os irmãos necessitam conhecer essa maravilhosa verdade, para se conscientizarem da própria imortalidade espiritual em um convívio integrado à sociedade. Esse despertamento espiritual eleva à consciência, universaliza as crenças religiosas e aumenta o culto ao amor, bem-estar e felicidade coletiva.

Com a reforma global prestes a ter início, o planeta necessita de bons resultados para usufruir de forças positivas e diminuir ao máximo os efeitos produzidos pelas ações transformatórias. No entanto, se acaso não houver esse despertamento espiritual e a energia positiva deixar de ser dinamizada pela humanidade, evidentemente só se poderá esperar o pior, ou seja, ações transformatórias mais intensas com maior número de desencarnes desnecessários. Tudo isso é objeto de estudo do plano espiritual, que, aliás, muito tempo atrás já chegou aos possíveis resultados circunstanciais ao nível moral e dinamização de força da humanidade. Evidentemente com tudo muito imprevisível, pois quem poderá prever o que poderá ocorrer à humanidade nessa fase final de ciclo para muitos espíritos?

O planeta já está preparado para dar início à longa e difícil reforma global, o que evidentemente não se pode dizer o mesmo da humanidade, que ainda com o calcanhar de aquiles sofre todo tipo de ação nociva, o que é muito ruim, especialmente perto da hora "H" da reforma global, que não pode mais ser adiada, pois a ordem de fatores físicos e espirituais é prioritária; imprescindível seria o termo mais apropriado.

Amados irmãos leitores, sejam calmos, bondosos e ordeiros, tenham paz e sejam felizes.

Do seu amigo,

Mateus

49ª Mensagem

1. Para a solidão ser inevitável. 2. A retirada da venda dos olhos. 3. A âncora que prende o espírito.

AUTOR: MATEUS – DATA: 8.1.1988
Sexta-feira – Início: 22h40 – Término: 23h35

Glória ao Pai, ao Filho e ao Espírito Santo.

Amados irmãos encarnados, salve!

Mais uma vez estamos reunidos para servirmos nosso iluminado Mestre e Salvador, nosso Divino Jesus Cristo de Nazareth.

Estou muito feliz por essa oportunidade de poder legar meu trabalho de esclarecimento espiritual, em prol de toda a humanidade. O prosseguimento de uma vida digna de servir de exemplo aos demais irmãos realmente está cada vez mais difícil, pois tudo está muito conturbado para quem necessita de amparo e não encontra ajuda. Nesse plano sempre foi assim, basta adquirir maior soma de esclarecimento espiritual para a solidão ser inevitável, porque quando a soma de valores não pode ser feita, a incompreensão causa o afastamento das pessoas não esclarecidas.

Amados irmãos, não se deixem enganar por falsos profetas, supostos prodígios que não fazem outra coisa além de enganar e se aproveitar do próximo, tendo como causa-mor o desconhecimento da força interior existente em cada espírito encarnado. A espiritualidade é uma ciência muito profunda e difícil de ser compreendida, portanto é motivo mais que o suficiente para desagradar aos irmãos menos esclarecidos. A sondagem nessa ciência requer muita dedicação e amor, a energia que lega a perseverante condição, para os irmãos poderem estudar os acontecimentos que vão sendo revelados pelos pesquisadores.

Inúmeras crenças religiosas falam sobre o pesquisador, mas poucas religiões ensinam seus adeptos a pesquisar. Por que isso? Certamente essa seria sua indagação, respondendo a essa hipotética indagação com muita satisfação, eu digo que, se os adeptos forem esclarecidos, aumentarão o poder de observação e discernimento. A retirada da venda dos olhos, capaz de constatar que a maioria das religiões não deseja que a verdade nua e crua seja vista claramente!

Irmãos, aprendam a viver uma vida simples, não deixem o materialismo envolvê-los, façam tudo com amor, mas não se apeguem a nada, pois o apego material é a âncora que prende o espírito e não o deixa prosseguir evoluindo.

Amados irmãos, se tudo está muito conturbado em virtude dos inúmeros problemas criados pela ambição material, não esperem melhora em curto espaço de tempo, pois, com as ações da reforma global e seu compêndio, realmente tudo vai piorar ainda mais. Conquanto a necessidade da assistência internacional às vítimas seja muito grande, demandando a união de forças dos demais países, não haverá tempo nem interesse pelas divergências frívolas, que infelizmente ainda criam incidentes entre os países.

Os Estados Unidos da América estão entrando em uma era de rápidas mudanças climáticas, com os termômetros registrando temperaturas bem abaixo do normal, podendo ser consideradas no mínimo anômalas. Esse país que se prepare para súbitas alterações climáticas registrando temperaturas muito baixas, que causarão grandes transtornos. Quer admitam ou não, os Estados Unidos e a Rússia terão de dar as mãos, para juntos resolverem seus problemas, que não serão poucos!

Com tudo encrudelecendo cada vez mais, o planeta e toda a humanidade necessitam urgentemente da reforma global, nela o Brasil liderará inúmeros países com menor potencial, necessitados de apoio e ajuda. "O homem faz um plano, Deus faz outro." Este continente não foi preservado por tanto tempo sem que houvesse uma importante justificativa, que logo será revelada, com o cultivo de alimentos aplacando a fome em muitos países. Não podemos deixar de mencionar que o Brasil será o país que legará auxílio a muitas outras nações, assoladas pelos acontecimentos de ordem transformatória, inclusive os Estados Unidos da América.

Meus amados, aceitem meu forte e saudoso abraço.

Do seu amigo,

Mateus

50ª Mensagem

1. Tudo será surpreendemente imprevisível. 2. Não haverá nenhum local seguro. 3. Facilmente assediado pelas forças do mal.

AUTOR: MATEUS – DATA: 5.5.1989
Quinta-feira – Início: 22h50 – Término: 23h45

Glória ao Pai, ao Filho e ao Espírito Santo.

Amados irmãos encarnados, salve!

Mais uma vez estamos reunidos para servirmos nosso iluminado Mestre e Salvador, nosso Divino Jesus Cristo de Nazareth.

O plano espiritual não pode esperar mais para dar início à reforma global, daí o porquê de ela já estar começando a causar inúmeras dificuldades e desencarnes em vários quadrantes deste planeta.

Meus queridos irmãos, fiquem alerta porque daqui para a frente tudo será surpreendentemente imprevisível, com os acontecimentos transformatórios começando a ocorrer em locais sequer imaginados; portanto, todos os irmãos devem se preparar física e espiritualmente para tudo, inclusive para o desencarne. Se o esclarecimento legado por este trabalho deixar os irmãos inquietos, eu os esclareço que não há necessidade de ficarem amedrontados, mesmo porque neste plano não haverá nenhum local seguro. Por conseguinte, buscar esse refúgio, por maior que seja o empreendimento, não terá sucesso.

Até o presente momento, com a reforma global apenas tendo início, os irmãos endurecidos e descrentes poderão se dar ao luxo de duvidarem de tudo. Isso evidentemente não por muito tempo, porque com a intensificação dos acontecimentos ninguém poderá questionar a veridicidade da atuação da reforma global. Como, atualmente, ainda não houve um acontecimento transformatório de grandes proporções, o respeito e a cautela dos irmãos encarnados infelizmente ainda deixam muito a desejar.

O irmão férreo materialista, o tempo todo sempre ocupado no zelo de seus bens materiais, não ora, não medita nem tampouco dá ouvidos aos esclarecimentos espirituais; o que infelizmente sempre o torna facilmente assediado pelas forças do mal! A maioria desses irmãos não deseja sequer ouvir falar sobre a morte física, por achar esse assunto muito desagradável; portanto, o repúdio a quem tentar versar esse assunto é imediato. O refrão que diz "Que ninguém jamais conseguirá agradar a dois senhores" é verdadeiro, pois sempre logrou total fracasso.

Amados irmãos, sejam lúcidos e não deixem as más ideias entrarem em sua mente, repudiem toda e qualquer manifestação negativa que tentar envolvê-los. Libertem sua mente dessa corrente de energia negativa, normalmente vinda do cosmo por causa do lixo mental acumulado na aura do planeta, mais a existente entre toda a humanidade criada por "M" manifestos. Caros irmãos, sejam verdadeiros cidadãos do universo e ingressem na incorporação de energia a serviço do todo. Façam o contato diário em preces e meditação com nosso Salvador Jesus e se libertem de todas as más influências, ainda existentes por toda parte. Deixem os que se comprazem com o mal do próximo, unam-se aos irmãos que compartilham de suas ideias, e aí sim, sua força interior aumentará surpreendentemente.

Caros irmãos solidários à dor e ao sofrimento do próximo, deixem os demais irmãos praticantes de ações malévolas, pois só a Divindade saberá como auxiliá-los. Queridos irmãos praticantes de boas obras, acreditem, jamais serão alvos das ações do mal, sejam elas quais forem.

A felicidade é parte do todo; assim sendo, quem prejudicar o próximo individualmente jamais será feliz. De acordo com a lei de causas e efeitos, evidentemente só teremos o equivalente das obras praticadas e nada mais.

Meus amados irmãos leitores, aceitem meu
forte e saudoso abraço.

Do seu amigo,

Mateus

51ª Mensagem

1. Hercúleo exemplo com extremo sacrifício. 2. Apostasia necessária. 3. Insondável mistério.

AUTOR: MATEUS – DATA: 13.4.1990
Sexta-feira – Início: 22h18 – Término: 23h15

Glória ao Pai, ao Filho e ao Espírito Santo.

Amados irmãos encarnados, salve!

Mais uma vez estamos reunidos para servirmos nosso iluminado Mestre e Salvador, nosso Divino Jesus Cristo de Nazareth.

Esta sexta-feira é uma data comemorada no mundo inteiro, por ser o dia em que se consagra o maior sacrifício feito por amor, para salvar os espíritos encarnados da vida pecaminosa e lhes legar uma nova vida, libertos do jugo das forças do mal, que até então envolvia a muitos irmãos, tornando-os prisioneiros submissos à prática do mal por tempo indeterminado. Esse hercúleo exemplo com extremo sacrifício foi quem nos deu força para prosseguirmos pelos caminhos pedregosos, sofrendo a purificação feita por suor e lágrimas. A longa estrada que nos redime, ilumina e nos faz aportar em um elevado plano, prontos para prestarmos maior soma de serviço ao nosso amado Mestre Jesus. Apostasia necessária, sem ela a humanidade já teria tornado este planeta sem nenhum objetivo, o que inevitavelmente causaria sua desintegração, para livrar seus átomos da impregnação estagnante, oriunda da atual raça humana acometida de uma grande histeria coletiva.

Meus amados irmãos, nos anais espirituais, essa sacra história está à disposição dos espíritos que desejarem estudá-la. Amados, com tanto para dizer e poucos ouvidos para ouvir, nesse antigo dilema se enquadra a infeliz premissa do envolvimento material dos espíritos encarnados. Evidentemente uma forte barreira, que causa muita dificuldade a todos quantos ligados a esse trabalho de esclarecimento e orientação. Mesmo porque, enquanto encarnado e palmilhando esse plano, tudo vai depender exclusivamente do trabalho abraçado, para quem de direito puder estender sua força espiritual em auxílio dos necessitados.

Acreditem: não existem milagres, tudo é feito alicerçado no bem que se deseja prestar aos irmãos necessitados. Os irmãos sempre estarão livres para se prestar na prática da caridade, cientes disso, só falta os irmãos se libertarem do mórbido egoísmo, para estar física e espiritualmente em condição de sentir a dor, angústia e sofrimento dos irmãos de jornada. Dádiva legada pela Divindade aos espíritos libertados dos liames materiais, que podem fazer fluir essa maravilhosa força interior. Raríssima neste plano, por dificilmente poder ser desenvolvida, pois a maioria dos irmãos ainda está com o coração e a mente extremamente doentes, sendo corroídos pelos mórbidos vírus da falta de luz e amor.

Todos os irmãos devem despertar o quanto antes para a realidade da vida que estão vivendo, com a fragilidade do corpo físico e do súbito retorno ao plano espiritual, que pode ocorrer a qualquer momento, levando na bagagem somente o conhecimento adquirido; o bem e o mal praticado. Se os irmãos já tivessem despertado desse sono letárgico, veriam que certos esforços cheios de sacrifícios não valem a pena ser feitos, pois ao se obter certas coisas perdem-se outras que, se analisadas minuciosamente, evidentemente comprovarão serem mais importantes. Tudo deve ser feito sempre legando o devido respeito ao corpo físico, pois ele é o santuário do espírito, o refúgio que lega toda segurança ao espírito enquanto estiver encarnado.

Muitos milhares de irmãos que pesquisaram na área espiritual puderam comprovar o quanto o corpo físico significa para o espírito. Enquanto encarnado, em qualquer situação de insegurança, o espírito retorna imediatamente para seu refúgio, ou seja, para o corpo físico. Sábias leis Divinas determinaram essa necessidade espiritual ao espírito encarnado, insondável mistério que o ser humano jamais desvendará. Daí o adágio "quem sabe não fala", mesmo porque esse é um fardo muito pesado, eu até diria insuportável pelos irmãos que estão aquém de tal condição.

Meus amigos, que o amor e a paz de nosso Senhor Jesus esteja com todos vocês.

Do seu amigo,

Mateus

52ª Mensagem

1. Apoio e proteção mesclados com o amor. 2. Mais duas casas planetárias ainda não evidenciadas. 3. Uma efêmera subjetiva possibilidade.

AUTOR: MATEUS – DATA: 7.11.1990
Quarta-feira – Início: 23h35 – Término: 0h25

Glória ao Pai, ao Filho e ao Espírito Santo.

Amados irmãos encarnados, salve!

Mais uma vez estamos reunidos para servirmos nosso iluminado Mestre e Salvador, nosso Divino Jesus Cristo de Nazareth.

Amados irmãos, tudo está ficando cada vez mais difícil e realmente não há para onde fugir, em todos os lares a luta para vencer as dificuldades é cada vez maior, os jovens ficam rebeldes, a criminalidade aumenta e os pais veem seu mundo destruído. Tudo isso já era esperado, pois quando um planeta vai passar por uma grande reforma global, a manifestação incontrolável dos espíritos jovens é inevitável. Portanto, o amor é o único remédio capaz de combater esse grande mal, nessa batalha os pais não devem esmorecer, pois o pulso firme, apoio e proteção mesclados com o amor será quem dará forças para os filhos não se deixarem vencer pelas más influências.

Ademais, fazendo parte de uma autêntica experiência espiritual, um grande número de espíritos de outro plano com menor evolução foi trazido para este plano. Em tais circunstâncias, o plano espiritual sempre aproveita a oportunidade para fazer novas tentativas na esperança de acelerar a evolução, no caso, nos planos onde esses espíritos são hóspedes evolutivos.

Este sistema solar sofrerá uma importante modificação, para que mais duas casas planetárias ainda não evidenciadas possam usufruir de um maior processo evolutivo. Amados, sei que este assunto fará certos irmãos rirem sarcasticamente; tudo bem, nós compreendemos e respeitamos essa manifestação, normal de quem ainda não está em condição de compreender esse assunto mais profundo. Na ciência tudo é assim mesmo, basta o assunto fugir à lógica para normalmente ser sumariamente abandonado. Já estamos acostumados a ver essa ação refratária que tanto impede o progresso, no futuro não será assim, pois quanto mais difícil a questão, maior será o interesse para estudá-la nos mínimos detalhes.

Os irmãos que pesquisam no abstrato sabem perfeitamente bem que tudo que é versado neste trabalho é muito sério e de grande valor. Fato que nos conforta muito, pois nos dá a certeza de não estarmos perdendo nosso precioso tempo inutilmente. O bom pesquisador se apega a uma efêmera subjetiva possibilidade de poder descobrir algo, que dê condição de continuidade ao seu projeto; portanto, nada deve ser menosprezado, porque tudo está interligado ao todo. Quando se caminha nessa senda de descobertas ainda sem possibilidade de serem compreendidas e aceitas, o melhor a fazer é mantê-las no anonimato até que haja uma boa oportunidade para levá-las a público.

Assim foi e assim sempre será, pois se, não fosse assim, os grandes vultos da humanidade não teriam sofrido tanta perseguição e agressão! A própria história nos dá prova irrefutável da descredibilidade humana, fruto do férreo e mórbido materialismo destrutivo do ser humano. Quase nada se pode dizer da vida após a morte, quando tentamos esticar esse assunto o mesmo fica sem ser ouvido, pois o corpo fica presente, mas os espíritos vagueiam na busca frenética do que lhes apraz.

Amados, orem e meditem diariamente, busquem a luz para não ser envoltos pelas trevas. Afinal, quem é que pode ser feliz nas trevas! Luz é calor Divino, que torna o espírito fulgente!

Meus amados irmãos, amem-se uns aos outros e nosso Senhor Jesus os amará ainda mais!

Do seu amigo,

Mateus

53ª Mensagem

1. Não se deixou levar pelas paixões humanas. 2. De coração submisso ao Senhor Jesus. 3. A chance de saciar a vossa sede.

AUTOR: MATEUS – DATA: 17.9.1991
Terça-feira – Início: 23h20 – Término: 0h20

Glória ao Pai, ao Filho e ao Espírito Santo.

Amados irmãos encarnados, salve!

Mais uma vez estamos reunidos para servirmos nosso iluminado Mestre e Salvador, nosso Divino Jesus Cristo de Nazareth.

Como todos os demais trabalhos, este também tem seus obstáculos, pois é dependente de nosso intermediário: quando ele não está em boas condições, isto é, em condições favoráveis para receber nossa emissão mental, não temos condição de fazer este trabalho.

Enquanto encarnados todos estão sujeitos a situações na maioria das vezes muito difíceis, especialmente quando fatos extremamente desagradáveis e sem solução imediata acontecem com os entes consanguíneos mais caros ao coração. Situação semelhante está acontecendo com nosso intermediário, a qual, por mais que nos empenhemos em ajudá-lo, não podemos evitar, pois isso faz parte de sua passagem por este plano, fazendo de seu lar abrigo para outros espíritos que necessitam dessa proteção para poderem evoluir.

Meus queridos, querer explicar as razões desse fato, por mais que nos esforcemos, realmente seria em vão, pois certamente não haverá entendimento para essa situação oriunda do plano espiritual. Mas como os irmãos estão vendo quem de direito não se deixou levar pelas paixões humanas, pois de cabeça erguida e confiante na justiça Divina prossegue seu trabalho, o que nos conforta e nos dá muita alegria, pois vemos a fé inabalável de nosso intermediário de coração submisso ao Senhor Jesus.

Caro irmão a quem tanto amamos, somos solidários à sua dor e ao sofrimento por tudo que envolve sua família, mas saiba que logo tudo voltará ao normal. No que tange a este trabalho nada foi alterado, portanto tudo será feito dentro do cronograma estabelecido pelo Alto; porque assim nosso Senhor Jesus o quer. Assim sendo, custe o que custar, todas as pedras de tropeço serão retiradas de seu caminho. O plano espiritual precisa de sua total interação para fazer este trabalho, especialmente daqui para a frente, com todos os grandes obstáculos que serão criados pelo próprio clima intensivo no planeta.

Forças descomunais atuarão em todos os quadrantes deste planeta e certamente criarão dificuldades mil. Com pleno conhecimento de tudo, as Forças Superiores antecipadamente tomaram a devida providência, para evitar que todo esclarecimento que está sendo obtido por este trabalho se perca ou deixe de ser evidenciado. Atrás de cada mensagem está uma sincronizada soma de esclarecimento e orientação, necessária aos irmãos que buscam o esclarecimento espiritual das coisas de Deus!

Realmente será de surpreender a maioria dos irmãos, quando de um momento para o outro se depararem com uma alta soma de conhecimento, obtida por um irmão como qualquer um de vocês. Podendo ser qualificado como uma pessoa humilde e simples, tão simples que, mesmo sabendo de sua importância neste trabalho, jamais dá a mínima demonstração dessa alta responsabilidade. Caros companheiros sedentos de conhecimento, neste trabalho espiritual todos vocês realmente terão a chance de saciar sua sede e colher lindos lírios; se é que me entendem! Que coisa maravilhosa, irmãos, neste momento até mesmo nosso intermediário é receptor de uma soma muito grande de amorosa irradiação, criada aqui no plano espiritual por todos que estão ligados a este trabalho; acreditem, irmãos, é uma envolvente beatitude muito fortalecedora! Esse nosso instrumento mediúnico realmente é muito especial, tão especial que com seu passamento estaremos sendo despojados de um grande parceiro a serviço no plano físico!

Meus amados, que a paz de nosso Senhor Jesus
esteja com todos vocês.

Do seu amigo,

Mateus

54ª Mensagem

1. Estratégica mudança de planos. 2. Cordeiros do Senhor Jesus. 3. Estrada pedregosa e cheia de escarpas.

AUTOR: MATEUS – DATA: 17.2.1992
Segunda-feira – Início: 23h05 – Término: 0h00

Glória ao Pai, ao Filho e ao Espírito Santo.

Amados irmãos encarnados, salve!

Mais uma vez estamos reunidos para servirmos nosso iluminado Mestre e Salvador, nosso Divino Jesus Cristo de Nazareth.

Caro irmão leitor, não há como evitar as consequências oriundas da sufocante insatisfação de uma pessoa com muita ansiedade em viver o que não lhe foi possível até o presente momento, pois, como isso é de pleno direito, não há nada que o impeça de realizar suas fantasias infantis. O que impreterivelmente modifica os planos traçados anteriormente pelo plano espiritual, pois não é possível esperar pelo amadurecimento espiritual e retorno no cumprimento da missão de quem quer que seja.

Quando isso acontece, para não ser perdido totalmente o esquema da importante programação feita no Alto, como indubitavelmente foi o caso de nosso intermediário, que necessitava do apoio e ajuda, que não teve de sua companheira: na época, circunstancialmente houve a necessidade de uma estratégica mudança de planos, com o plano espiritual buscando o melhor resultado possível para todos. Ademais, o que fazer se a infantilidade venceu a pujança de sua companheira e não nos deixou alternativa? Nesse triste episódio, o importante mesmo, sem dúvida, foi a firmeza inabalável demonstrada por nosso instrumento mediúnico, que até posso dizer que nos surpreendeu!

Os irmãos leitores, tomando conhecimento desse episódio da vida de nosso intermediário, comprovarão sua importância e valor, pois mesmo em difícil circunstância, com difíceis envolventes problemas, ele não se deixou vencer e continuou seu trabalho confiante na Divindade. Caros irmãos, meditem sobre esse fato e vejam quantas coisas lindas estamos pondo ao seu alcance, com esse fato real vivido por nosso intermediário confiante em nosso Salvador Jesus. Novas portas se abrirão para nosso intermediário, atualmente esquecido pela consanguinidade e... A fé inabalável de quem se alicerça na imortalidade lhe lega força e poder, sempre transferida pelo Alto a quem se presta à prática do bem.

Enquanto neste plano as ações solidárias que aliviam a dor e legam bem-estar e prazer de viver, separam o espírito adulto do infantil. Meus caros irmãos, não há como negar os cordeiros do Senhor Jesus, que sempre serão identificados por suas ações amorosas, leais e solidárias à dor e ao sofrimento do próximo. O servidor está sempre protegido pela força invencível, ou seja, pela própria Divindade. Portanto, quem tentar prejudicar um desses pequeninos servidores Divinos certamente vai fazê-lo caminhar pela estrada pedregosa e cheia de escarpas, que aumenta a dor a cada passada. Próximo de um irmão com esse quilate espiritual todos prosperam, mas os algozes, tentando impedi-los de realizarem seu trabalho, sofrem as agruras mais terríveis.

Enquanto encarnado e quase que totalmente inconsciente de sua imortalidade espiritual, envolto pelas coisas materiais e tendo seus cinco sentidos voltados somente para a terra, realmente fica muito difícil despertar esses irmãos para coisas maiores.

Uma vez encarnado, uma existência passa muito rápido, portanto, dado a todos os inconvenientes existentes neste plano, o período útil para um irmão poder prestar trabalho ao plano espiritual realmente é muito curto. Daí o sábio provérbio “Que o pouco com Deus vale mais que o muito sem a benção Divina”.

Amados, tenham uma boa noite.

Do seu amigo,

Mateus

55ª Mensagem

1. Edificantes palestras e preces. 2. Iniciar a grafar pequenas frases. 3. Como iniciante na psicografia.

AUTOR: MATEUS – DATA: 21.12.1994
Quarta-feira – Início: 0h20 – Término: 1h30

Glória ao Pai, ao Filho e ao Espírito Santo.

Amados irmãos encarnados, salve!

Mais uma vez estamos reunidos para servirmos nosso iluminado Mestre e Salvador, nosso Divino Jesus Cristo de Nazareth.

Sem que nos fosse impossível observar se este ou aquele irmão realmente nos prestaria boa soma de trabalho, nem sequer cogitamos outra tentativa. Cada equipe tem seu pontífice no plano físico; sem tal elemento físico o trabalho todo fica totalmente descartado.

Para exercer um posto de trabalho com a seriedade e convicção de quem serve nosso Senhor Jesus, realmente é muito difícil encontrar um irmão com tal atributo espiritual. Com o passamento de nosso anterior instrumento mediúnico, na época Diamantino Coelho Fernandes, nós ficamos um bom período de tempo buscando um substituto à altura, que pudesse suceder esse dedicado servidor do Alto. Essa busca se arrastou por um determinado tempo, até que observamos nosso atual instrumento juntamente com outro irmão já de idade avançada (Zulmiro Ferreira Neves), os quais juntos faziam edificantes palestras e preces.

Nessa ocasião, com muita felicidade começamos a alimentar maior esperança de conseguir um novo parceiro intermediário, para substituir nosso anterior que tinha desencarnado. Prosseguindo observando esses dois irmãos, passamos então a lhes legar assistência espiritual, que, mesmo a desconhecendo, ambos passaram a desenvolver cada vez mais o trabalho espiritual, alta soma de energia que ao envolver nosso atual instrumento mediúnico, na época o fez iniciar a grafar pequenas frases. Com o entusiasmo sendo cada vez maior, mesmo estando trabalhando, nos períodos de folga sem perda de tempo ele se exercitava grafando tudo que vinha na mente. Daí para a frente o processo de desenvolvimento como iniciante na psicografia, foi feito com muita dedicação e amor. Caro irmão leitor, com tudo que já foi mencionado linhas antes, acredito já ser imprescindível eu ter de narrar maior soma de fatos relacionados ao desenvolvimento mediúnico do nosso atual intermediário. Mas, mesmo assim, eu faço questão de que saibam que não foi nada fácil para o nosso intermediário desenvolver essa faculdade psíquica. Para tal, tanto com seu amigo de espiritualidade quanto só, após o trabalho diurno no sustento de sua família, o irmão Pedro passou um longo tempo dedicando muitas horas noturnas se exercitando psiquicamente no desenvolvimento da faculdade mediúnica da psicografia, em contato com iluminadas entidades que o exercitavam psiquicamente, ajudando-o a desenvolver o potencial telepático; como um todo na psicografia.

Hoje, graças à bênção e proteção Divina de nosso Salvador Jesus, formamos essa parceria, a equipe com este trabalho para trazermos a maior soma possível de esclarecimento e orientação, principalmente referentes à reforma global.

Caro irmão leitor, esse esclarecimento é realmente incrível, mesmo com poucas palavras suficientemente para ser entendido, ele também foi mencionado no prefácio do primeiro livro; só à espera de ser editado. Portanto, como os próprios irmãos leitores podem ver, nós já estamos juntos há longo tempo e permaneceremos neste trabalho até que tudo se encaminhe e legue bons frutos a toda a humanidade.

Deste amigo que tanto os ama.

Do seu amigo,

Mateus

56ª Mensagem

1. Uma doença espiritual. 2. A sensatez tem que prevalecer. 3. O amor é a chave que abre todas as portas.

AUTOR: MATEUS – DATA: 9.8.1995
Quarta-feira – Início: 1h05 – Término: 2h45

Glória ao Pai, ao Filho e ao Espírito Santo.

Amados irmãos encarnados, salve!

Mais uma vez estamos reunidos para servirmos nosso iluminado Mestre e Salvador, nosso Divino Jesus Cristo de Nazareth.

O plano espiritual está sempre atento a tudo e nada fica sem o devido registro, a responsabilidade do espírito encarnado é muito grande, no entanto infelizmente só pouquíssimos irmãos conseguem cumprir toda a missão.

A incompreensão sobre tudo que está ocorrendo em todo o planeta é muito grande, o desinteresse pelas coisas espirituais infelizmente nunca esteve tão em alta e sem dúvida vai piorar ainda mais. Especialmente nos grandes centros urbanos, onde a insatisfação e ansiedade são muito grandes, tão grande que dentre cada cinco pessoas quatro sofre desse mal que pode ser considerado uma doença espiritual, que só pode ser curada pela compreensão e amor, principalmente da consanguinidade, o que infelizmente é muito difícil, porque, com raríssima exceção, os familiares também sofrem do mesmo mal.

O entendimento harmonioso infelizmente está perdendo para o conflitante e tenso, pois o crescente descontentamento está causando todo tipo de desentendimento e violência; o clima hostil diariamente é responsável por muitos homicídios.

Com a desigualdade social criada pela corrupção de mãos dadas com a impunidade, existente em todo o planeta, isso infelizmente está aumentando o número de moradores de rua, miséria, descaso e o desrespeito à vida humana que assusta, inclusive nos hospitais onde crianças e adultos morrem por falta de atendimento.

A exploração humana causada pelo desequilíbrio social já atingiu um patamar sem controle, que está fazendo o caos ser cada vez maior. A crise econômica mesmo sendo empanada de todas as formas possíveis, já está ficando alarmante, e tome panos quentes em cima tentando encobrir o inevitável! O termômetro social, que indica o procedimento e convívio normal ou não da sociedade, está nas condições sociais com a insatisfação e sofrimento retratado por toda parte.

Para que haja respeito e obediência à lei, todos os direitos humanos devem ser salvaguardados pela própria lei. Já se chegou à infeliz condição de necessidade e sobrevivência, que está fazendo todos os estados da federação disputarem entre si a maior arrecadação possível de imposto das grandes empresas, para tanto legando maior isenção de impostos.

Amados irmãos, me desculpem por eu ter me aprofundado mais nessa área, procurando fazê-los ver o rumo que tudo está tomando, para que tenham maior compreensão da necessidade urgente da reforma global, que já começa a ocorrer.

Assim que os grandes acontecimentos transformatórios começarem a ocorrer, a insegurança e problemas mil serão cada vez maiores tanto para os pobres quanto para os ricos. A vida nos grandes centros urbanos ficará cada vez mais difícil, em decorrência das consequências e sofrimento causado a toda a sociedade.

Há muito a ser considerado e pouco tempo para ser feita a grande e longa reforma global. Os impulsores carros-chefes do desenvolvimento do progresso infelizmente se tornaram nocivos e sem nenhuma solução imediata, principalmente por estarem atendendo outros interesses. Os problemas que deveriam ter sido devidamente resolvidos há muito tempo estão acumulando, e tudo vai piorando em todos os segmentos da sociedade. A irresponsabilidade e o desleixo foram muito grandes, agora não adianta chorar o leite derramado, pois a solução para "M" problemas vai demorar um longo tempo. Portanto, os irmãos precisam ser mais cautelosos, pois ao menor descuido coisas ruins acontecem, porque há problemas demais e soluções de menos. A sensatez tem de prevalecer, caso contrário, as consequências serão maiores.

Deixar o lar, ou seja, abandonar a família sem que nada justifique esse ato perversamente desumano, que infelizmente está acontecendo com mais frequência: esse monstruoso procedimento faz quem de direito amargar problemas mil, com muito sofrimento pelo resto da vida. Haja o que houver, a família tem de ser mantida unida; ademais, se os problemas existentes forem expostos e todos tomarem parte deles, com certeza eles serão resolvidos e o convívio harmonioso será fortalecido. "Roupa suja se lava em casa", cada lar tem seus problemas, mesmo porque ninguém é perfeito e a plena satisfação não existe. Assim sendo, cada um tem de fazer sua parte, melhorando o máximo possível suas ações.

O amor é a chave que abre todas as portas, primeiro é preciso aprender a dar, para depois receber; com absoluta certeza muito mais! Amados, só o amor os salvará, quem amar o próximo será amado ainda mais por nosso Salvador Jesus.

Deste amigo que tanto os ama.

Do seu amigo,

Mateus

57ª Mensagem

1. A necessidade do alinhamento dos planetas. 2. Qual será a reação física após a retirada. 3. Até 180º da relação donde foi extraído.

AUTOR: MATEUS – DATA: 23.11.1995
Quinta-feira – Início: 1h53 – Término: 3h27

Glória ao Pai, ao Filho e ao Espírito Santo.

Amados irmãos encarnados, salve!

Mais uma vez estamos reunidos para servirmos nosso iluminado Mestre e Salvador, nosso Divino Jesus Cristo de Nazareth.

O porquê de já estar havendo mais acontecimentos sísmicos, os vulcões começando a despertar e outros tantos fenômenos em todo o planeta, tudo isso comprova o início da reforma global, começando a bater de frente com as questões de difícil resolução existentes em todos os países.

Esta casa planetária já suportou ao máximo toda agressão praticada pelo homem, agora ela precisa passar por uma grande reforma, para se adequar à maior demanda da humanidade milênios afora. Reforma que, de certa forma, também se estenderá aos demais planetas deste sistema solar, comprovando a necessidade do alinhamento dos planetas, para que todos possam receber uma proporcional soma de energia, necessária nas mudanças que vão ocorrer neste sistema solar.

Em um sistema solar, quando um planeta passa por grandes mudanças, os demais em hipótese alguma permanecem inalterados. A força magnética que mantém este sistema solar com todos os planetas não pode ser alterada, porque o progresso nos planetas sempre segue uma ordem inalterável. Pois, como já disse, ao se fazer grandes alterações em um planeta, isso automaticamente também causa alterações nos demais.

Na ordem universal, não é permitido interferir no progresso de nenhum planeta, os habitantes de cada casa planetária têm por si só de evoluir dentro das condições normais existentes. Assim sendo, se por acaso um planeta for visitado por raças de outros planetas mais evoluídos, os visitantes em hipótese alguma podem interferir no que quer que seja. A lei universal é muito rígida, dela depende todo tipo de vida consciente ou não que habita todos os planetas; portanto, os visitantes só podem observar, interferir jamais!

Cada casa planetária tem a evolução física e espiritual segundo as condições legadas aos habitantes; não obstante, nos últimos 50 anos houve uma acelerada evolução tecnológica. Esse avanço foi tão rápido que extrapolou e criou problemas mil, sem solução a curto espaço de tempo. No atual avanço de progresso com grande devastação, caso a reforma global não fosse feita, o exaurimento do suporte de vida se daria rapidamente.

Tudo que existe em todo o planeta possui funções específicas interligadas ao todo; portanto, interromper essa interligação com a extração de minérios do subsolo para transformá-los em metais, sem dúvida futuramente vai criar sérios problemas. Nesse mesmo quadro pintado a largas pinceladas, a extração de petróleo já para mais de um século fez grandes jazidas se transformarem em enormes cavernas com grande pressão de gás altamente inflamável, as quais precisam ser soterradas urgentemente antes que causem grandes explosões.

Tudo que existe tem um motivo, razão e necessidade de estar localizado no local onde exerce sua função. Na natureza, nada está no local errado ou sem função, antes de extrair este ou aquele mineral, por menor que seja a quantia. Deve ser feito um minucioso estudo, para se obter pleno conhecimento de sua função nessa localidade e qual será a reação física após a retirada.

Já foi o tempo em que o homem, com ferramentas rudimentares e grande sacrifício, extraía apenas irrisórias quantias de minerais sem maiores problemas para o meio ambiente. Atualmente tudo é muito diferente, pois potentíssimas máquinas extraem rapidamente muitas toneladas de minérios, que normalmente são exportadas para outros países, com uns até a 180° em relação de onde foi extraído. Isso é um problema muito sério, que está implicando o desequilíbrio e desvio de eixo do planeta atualmente, ou seja, em 23 de novembro de 1995, já para mais de 17°. Desvio de eixo que no movimento de rotação faz o planeta bambalear, alterar o clima e criar muitos tornados, tufões, furações e súbitas borrascas, autênticas trombas d'água causando inundações cada vez maiores.

Amados irmãos, estamos em tempos de mudanças e toda cautela é pouca, pois ninguém está a salvo. Agora é tempo de limpeza, o planeta precisa ser limpo, o joio precisa ser arrancado e queimado, os campos precisam estar impolutos e preparados para ser férteis e legarem novas e abundantes colheitas.

Irmãos, primem pela boa conduta, sejam perseverantes e se mantenham no caminho reto e progressista, fiquem atentos, pois ao menor descuido serão desviados e o sofrimento será muito grande. Lembrem-se sempre de que estão neste plano apenas de passagem e que em poucas décadas tudo muda assustadoramente, com tempos difíceis especialmente para os infratores.

Meus amados, aceitem meu forte e amoroso abraço.

Deste amigo que tanto os ama.

Do seu amigo,

Mateus

58ª Mensagem

1. Em busca de frívolas aventuras. 2. Espelho da alma. 3. Libertem esse poder.

AUTOR: MATEUS – DATA: 20.12.1995
Quarta-feira – Início: 2h10 – Término: 3h40

Glória ao Pai, ao Filho e ao Espírito Santo.

Amados irmãos encarnados, salve!

Mais uma vez estamos reunidos para servirmos nosso iluminado Mestre e Salvador, nosso Divino Jesus Cristo de Nazareth.

Aqui estamos nós cumprindo o que nos foi determinado pelo Alto, compromisso que nos honra muito. Com a oportunidade legada por este trabalho haveremos de deixar grafado e à disposição de todos os irmãos o conhecimento necessário no que tange à reforma global. A humanidade realmente precisa saber tudo que vai acontecer em todo o planeta: ademais, o esclarecimento legado por este trabalho comprovará a ininterrupta assistência feita pelo plano espiritual, o que será de grande conforto e bem-estar a todos os irmãos.

O maior mal deste fim de século será a descrença, a falta de fé na existência de um ser superior que a tudo vê e protege, esse enfraquecimento espiritual vai fazer muitos irmãos se lançarem em busca de frívolas aventuras sumamente nocivas.

Amados irmãos, sua passagem por este plano é muito rápida, pois mal os irmãos saem da juventude e, em um piscar de olhos, já começam a se dar conta de que estão envelhecendo. Ao se olharem diante do espelho, diariamente os irmãos começam a notar pequenos traços aqui e ali, especialmente no rosto, cabelos e dentes, que demonstram a realidade, ou seja, o envelhecimento. Em certos casos precoces, quando o corpo físico é submetido a sobrecargas, vícios e maus-tratos, enfim, a um rápido processo de perda da juventude e vigor, que a mulher normalmente esconde ou pelo menos tenta, com a pintura dos cabelos e grossa maquiagem no rosto, espelho da alma!

Irmãos, eu lhes disse tudo isso com o intento de chamar sua atenção para a rápida passagem por este plano e também para o respeito, carinho e zelo necessário ao corpo físico, pois ele abriga e protege o espírito. Quando um irmão se torna consciente do pouco tempo de estágio neste plano, suas ações sempre serão as melhores possíveis. Despertamento espiritual (lucidez) que lega amor e respeito aos demais irmãos e a todas as obras do Criador; o caminho para o cumprimento da missão e da rápida ascensão espiritual.

Quando um irmão tem plena consciência de sua imortalidade espiritual, ele está sempre alerta em não se expor e incorrer em erros e procedimentos problemáticos, sumamente nocivos à sua evolução dual. O espírito atua principalmente em dois planos, ou seja, em dois planos de dimensões diferentes, no físico tridimensional e no espiritual com outra dimensão, padrão de massa e peso totalmente diferente, que eu ainda não tenho permissão de revelar qual é sua dimensão (forma atômica). Mas os pensadores, irmãos que praticam a meditação possuem um melhor posicionamento espiritual a respeito.

A consciência do que veem faz parte do que não se pode ver, essa tomada de consciência os faz ter certeza da grandiosidade e poder de quem os pôs neste plano. Isso é muito confortador, pois lega a força e lucidez de que os irmãos nunca estarão sós.

Todo e qualquer tipo de violência faz parte dos espíritos ainda infantis, ou seja, com pouca evolução espiritual. O amor, respeito, orar e meditar são sinônimos de maior evolução espiritual, principalmente dos irmãos e irmãs que oram e meditam diariamente. As preces feitas de coração por quem sente a necessidade de se ligar à Divindade evidenciam a quem se identifica com coisas proeminentes fora do terra, a terra. Obviamente bem diferente do irmão ambicioso, que vive a vida inteira só olhando para baixo e nunca se lembra de olhar para cima.

A natureza foi e será quem sempre legará importantes lições, mostrando a grandiosidade do Criador a quem tem bom estado d'alma, que pode observar a esplendorosa beleza legada pela pródiga mãe natureza, a qual tem a primordial finalidade de deleitar, dar alegria, felicidade e fortalecer os irmãos debilitados no cumprimento dos deveres e obrigações. O corpo e espírito precisam usufruir o bem-estar e conforto, legado pela observação das coisas lindas da natureza. Deus está presente em todas as suas obras, quer mineral, vegetal, animal ou humana. Quem ama a Deus respeita todas as suas obras e trata-as com todo o amor, carinho e respeito, comprovando a sublime manifestação de amor venerando a Deus.

Como os irmãos devem saber, suas mãos podem ser santas ou não, despertem sua força interior e sintam o poder que suas mãos transmitem a tudo que tocarem. Como filhos do Pai Celestial, esse poder está dentro de vocês; libertem-no e realizem maravilhas!

Meus amados, orem e meditem diariamente, pois o espírito necessita receber o pão espiritual para não enfraquecer.

Que o amor e a paz estejam com todos vocês.

Deste amigo que tanto os ama.

Do seu amigo,
Mateus

59ª Mensagem

1. Verdadeiras bombas aos supostos salva-pátria. 2. Semelhante a Sodoma e Gomorra. 3. Nuvem negra caindo sobre a cabeça dos poderosos.

AUTOR: MATEUS – DATA: 4.6.1997
Quarta-feira – Início: 1h31 – Término: 3h10

Glória ao Pai, ao Filho e ao Espírito Santo.

Amados irmãos encarnados, salve!

Mais uma vez estamos reunidos para servirmos nosso iluminado Mestre e Salvador, nosso Divino Jesus Cristo de Nazareth.

Tudo que tiver de ser, será! Nada pode alterar o curso e destino de um servidor Divino, todos quantos tentarem servir de pedra de tropeço, ou seja, atrapalhar o caminho de quem serve ao nosso Senhor Jesus, terão represálias maiores. Todos quantos tentarem praticar o mal, seja de forma visível ou invisível, ele sempre recairá sobre a própria cabeça. Passe o tempo que passar, as dívidas cármicas nunca ficam sem ser resgatadas, portanto, quem fizer o mal às escondidas o pagará sob as vistas de todos; ademais qualquer que seja a infração cometida, sempre terá o devido ajuste de contas.

Amados irmãos leitores, tempos difíceis se aproximam rapidamente, estejam preparados para viver momentos deveras angustiantes, mesmo porque não há como evitá-los. Estamos em tempos de grandes mudanças que serão feitas pelos agentes transformatórios, muito embora os irmãos ainda não acreditem em tais mudanças, mas mesmo assim insisto em preveni-los.

Escândalos cada vez maiores explodirão por toda parte, ações ilícitas que corromperam muitas pessoas com o poder de decisões logo serão descobertas e virão a público como verdadeiras bombas aos supostos salva-pátria. Serão tantos os escândalos, um maior que o outro, que farão o povo ficar revoltado diante de tamanho jogo de poder com vergonhosa impunidade! Todas as falcatruas praticadas serão descobertas e punidas; nessa reforma global, a limpeza de cima para baixo será total, ou seja, não vai haver sujeira debaixo do tapete. Só assim poderá ser feita a profilaxia, para pôr fim às doenças que estão acometendo toda a humanidade.

Há muito para ser feito em pouco tempo, portanto os infratores que se cuidem, pois o tempo em que tudo ficava encoberto e impune já fez época. Agora fez, pagou; só assim será possível construir um futuro mais promissor para toda a humanidade.

O tempo das vacas gordas já passou, daqui para a frente tudo terá de ser matematicamente calculado e com o passar do tempo igualmente dividido, sem que haja desperdício. Que comumente acontece em certas localidades com muita fartura e em outras não distantes; há famigerada fome, promiscuidade e miséria, terrível desigualdade social que logo será combatida por toda parte, sendo que dessa vez não haverá falhas, protelações nem nada deixado pra trás. Amados irmãos, tratem de preparar as malas semelhantemente a quem está prestes a viajar, pois de repente qualquer irmão poderá estar empreendendo a grande viagem sem retorno; pelo menos por um bom espaço de tempo para alguns.

Não há mais tempo para poder voltar atrás, agora semelhantemente a Sodoma e Gomorra, prestes a serem destruídas, não há tempo para buscar o que quer que seja que foi esquecido ou que ficou para atrás. Quando se der a grande mudança, quem estiver no telhado não deverá descer e quem estiver embaixo não deverá subir, tudo será muito rápido; portanto, todos deverão permanecer onde estiverem.

Deitar rico e acordar pobre em toda a extensão da palavra será um fato considerado como uma autêntica nuvem negra caindo sobre a cabeça dos poderosos! Lembrem-se, irmãos, agora tudo será feito de forma rápida, para ser possível reverter o atual quadro criado por todo tipo de mazela à sociedade. Portanto, não haverá protelação, "doa a quem doer, o que tiver de ser, será"! Para criar o progresso tudo precisa ser feito de forma limpa e cristalina, logo todos quantos ainda estiverem desqualificados para essa tarefa serão recolhidos e banidos deste plano.

As virtudes, amor e honra são qualidades de ética moral imprescindível, tanto para os espíritos que continuarão encarnando quanto aos que iniciarão um novo ciclo de encarnações. Neste planeta não haverá lugar para os espíritos infratores e amantes da desordem, espíritos impermeáveis à lei e progresso que se comprazem em desrespeitar a tudo.

Cárceres lotados, violência, agressões e desestímulos ao progresso, tudo isso só fará parte de um passado longínquo, uma mancha negra que logo será esquecida definitivamente. Todo sistema de leis atualmente existente será substituído por outro futurista, que legará plenos direitos e igualdades a todos sem nenhuma distinção. Logo, com todos usufruindo dos mesmos direitos, o sentimento de igualdade aumentará ainda mais o espírito de confraternização e irmandade de toda a humanidade.

No futuro não muito distante, 90% ou mais das atuais preocupações deixarão de existir, para que o desenvolvimento do intelecto tenha prioridade. Descristalizar a mente ainda quase que totalmente virgem será um trabalho que terá prioridade para ajudar a aumentar o potencial mental. Amados irmãos que continuarão sua jornada, desde já se preparem para viver esse progresso que facilitará muito sua passagem por este plano.

Deste amigo que tanto os ama.

Do seu amigo,

Mateus

60ª Mensagem

1. Estabelecer a ordem e o progresso. 2. Liberdade demais estraga a própria liberdade. 3. A possessão das paixões humana.

AUTOR: MATEUS – DATA: 9.4.1999
Sexta-feira – Início: 2h27 – Término: 4h14

Glória ao Pai, ao Filho e ao Espírito Santo.

Amados irmãos encarnados, salve!

Mais uma vez estamos reunidos para servirmos nosso iluminado Mestre e Salvador, nosso Divino Jesus Cristo de Nazareth.

Irmãos, tudo está ficando cada vez mais complicado em todas as áreas, as mudanças já estão começando a ser sentidas. Prioritariamente todas as coisas ilícitas praticadas até o presente momento precisam ser descobertas e punidas, não ficando nada sem a intervenção superior necessária na limpeza de cima para baixo; sem deixar nada para trás.

Estabelecer a ordem e o progresso com tantos fatos se positivando simultaneamente realmente não será nada fácil, mas dando ênfase a essa questão, seja lá qual for o custo, ela será restabelecida. Ainda há muitas falcatruas para ser descobertas e postas a público, a corrupção já é um triste fato de caráter mundial, que precisa urgentemente ser extirpada deste planeta; para tal, intensas medidas serão tomadas.

O progresso da tecnologia precisa estar de mãos dadas com a conduta moral, amor e fé; para que isso seja real, as Forças Superiores vão intervir e os infratores serão julgados. Os bons irmãos precisam ter maior liberdade para poderem expressar as boas ideias e consecutivamente pô-las em prática. A pressão normalmente existente, que em certos casos dificulta e até impede o curso normal do empreendimento das coisas boas, criadas por bons irmãos para legar conforto e progresso, será eliminada a qualquer custo. Portanto, chega de barreiras aos trabalhos com bons projetos úteis a toda a humanidade.

A liberdade de expressão em grande parte, infelizmente, está sendo usada como instrumento para liberar o avanço indiscriminado da imoralidade, por conseguinte a censura precisa voltar com maior critério. Liberdade demais estraga a própria liberdade, porque, com o abuso cometido em nome dessa mesma liberdade, coisas horríveis são praticadas sem nenhum critério moral. Da forma que está, onde tudo é confundido e a liberalidade causa nocivos resultados à sociedade, tais como violência, pobreza, miséria e prostituição, que já estão destruindo os jovens, evidentemente não dá para continuar.

O legislativo e judiciário precisam sofrer o expurgo dos maus políticos, para que realmente possam criar novas leis que atendam às necessidades em vigência e o povo seja tratado com mais igualdade e justiça social. O processo arrastão da reforma global já está começando a limpeza e melhoria em todas as áreas, eliminando os graves problemas que de uma vez fora de controle, o fim logo seria decretado. Ainda há tempo para poder reverter o atual quadro desolador existente em todo o planeta, mas o preço a ser pago evidentemente não será pequeno. Reter o avanço imoral acelerado na utilização indevida da mídia não será nada fácil de ser feito, e drásticas medidas terão de ser usadas. Portanto, recomendamos aos nossos amados irmãos que não deixem de forma alguma seu caminho ordeiro e progressista.

Uma vez encarnado, sem a menor dúvida, ninguém fica livre do assédio das forças do mal para fazê-lo fracassar e sofrer. Esse realmente é um fato incontestável por quem quer que seja, mas o livre-arbítrio os faculta a tomar as decisões certas que absolutamente ninguém conseguirá impedir. No geral, as ofertas tentadoras e cheias de aparentes vantagens são iscas muito bem elaboradas para fisgá-los. Sejam cautelosos e rechacem os mal-intencionados e malignos irmãos, que procuram devastar os bons e férteis campos de trigo.

Irmãos, sejam cautelosos com quem deixam entrar em seu lar, essa permissão pode abrir as portas ao inimigo! Os bons irmãos são mais vulneráveis aos ataques do mal, por isso precisam de maior proteção superior. Afastar-se ou ser afastado! Deixar ou ser deixado! Abandonar ou ser abandonado! Aos olhos humanos, fatos assim podem ser confundidos, humanamente ninguém nunca poderá afirmar acertadamente o que realmente houve em cada caso, pois na maioria das vezes as ações com versões egoístas ocultam a verdade. Portanto, somente o plano espiritual possui pleno conhecimento do procedimento das ações corretas ou não.

Caros irmãos, quando algo lhes acontecer sem que tenham contribuído para tal, tenham fé e não se magoem, pois nesse episódio evidentemente fora do entendimento humano se caracteriza uma ação superior cabível ao caso. Portanto, se essa postura de fé for mantida, por certo o resultado advindo da intervenção será o melhor possível. A possessão das paixões humanas dificulta muito o bom resultado, proveniente da intervenção superior. Seja lá em qual for o caso, se quem de direito percebe o problema que está para atingi-lo, se ajoelhe, ore e peça auxílio à Divindade, e mesmo assim o problema não foi evitado, nesse caso inegavelmente será constatada uma ação necessária, além da compreensão humana.

As preces nem sempre obtêm o resultado requerido, mas, sim, o melhor para cada caso! Quando um irmão se ajoelha, ora e não sabe o que pede, quem o ouve sabe o que ele realmente precisa!

Deste amigo que tanto os ama.

Do seu amigo,

Mateus

61ª Mensagem

1. Irmãos compromissados com um futuro mais promissor. 2. A esterilização em massa. 3. Só possível nas grandes reformas planetárias.

AUTOR: MATEUS – DATA: 7.7.2000
Sexta-feira – Início: 6h34 – Término: 8h07

Glória ao Pai, ao Filho e ao Espírito Santo.

Amados irmãos encarnados, salve!

Mais uma vez estamos reunidos para servirmos nosso iluminado Mestre e Salvador, nosso Divino Jesus Cristo de Nazareth.

O que passou, passou, nada poderá recuperar o tempo perdido, todos os acertos de contas e resgates das dívidas cármicas, dentro da imortalidade, terão o tempo necessário para ser feitos; ademais, não se pode questionar nada acima da própria compreensão.

Todos os irmãos precisam saber viver de acordo com as próprias limitações, se bem que isso não significa dizer que não devam buscar um futuro mais promissor, muito pelo contrário, só que tudo deve ser feito harmoniosamente de forma construtiva, sem jamais prejudicar seus irmãos de jornada ou o que quer que seja, o que implica longas reflexões para ser possível tomar as decisões acertadas. Então, como já disse, toda vez que for preciso tomar uma importante decisão de grande abrangência, antes é aconselhável se recolher a um ambiente isolado, orar e fazer uma longa reflexão a respeito.

Os irmãos com a responsabilidade do poder de veto ou aprovação de decisões complexas de grande repercussão devem ter um local reservado onde possam orar e fazer uma longa reflexão a respeito, para então tomar as decisões o mais acertadas possível. Caros irmãos, o adiamento da reforma global já para mais de dois milênios findou, portanto, se preparem para conviver com momentos de grandes dificuldades e aflições, causadas pelas ações transformatórias com funções sequer imaginadas.

A limpeza dos tiranos será cada vez maior, mesmo porque os altos cargos precisam ser ocupados por irmãos compromissados com um futuro mais promissor para toda a humanidade. Daqui para a frente, todas as ações tomadas pelas Forças Superiores no sentido de fazer a limpeza, principalmente psíquica, serão austeras, pois o futuro mais promissor de toda a humanidade ou de o planeta continuar a ser habitado, dependerá do pleno sucesso dessa megalimpeza. Mesmo porque, se uma casa planetária deixa de ser escola para ajudar os espíritos a evoluírem, ao perder essa primordial finalidade (motivo de sua existência) não restará outra solução a não ser a esterilização em massa. Eu disse tudo isso para que meus amados irmãos leitores compreendam como é muito sério e grave o atual descambo moral, inclusive a grande agressão ao planeta como um todo, que já causou o extermínio de várias espécies da fauna e flora.

Portanto, não se podendo fugir da verdade, realmente há urgente necessidade da interferência superior com carta branca, tomando as decisões que forem necessárias para salvar o planeta e toda a humanidade. Por conseguinte, temos de admitir que daqui para a frente ocorrerão grandes ações transformatórias catastróficas, o que, aliás, já teve início e só não foram sentidas intensamente por terem sido pequenas, podendo ser consideradas como pequenos testes, para as sucessoras ações devastadoras. Não há para onde fugir, muito embora saibamos que certos irmãos mais abastados farão grandes tentativas nesse sentido, mas infelizmente malogradas, pois os fenômenos se darão por toda parte, sendo que até a própria órbita do planeta será momentaneamente afetada.

As Forças do Bem sabem onde cada um de vocês se localiza, portanto, se na sua carta de vida não constar o desencarne, isso não ocorrerá! Porquanto se sua transferência de localidade for necessária, com certeza inexplicavelmente os irmãos mudarão de local. Como bem se pode ver, toda atividade superior é muito complexa e impossível de ser compreendida humanamente. Portanto, se meus queridos irmãos leitores se mantiverem no caminho reto e construtivo não devem se preocupar com nada, pois do demais a Divindade cuidará.

Já para mais de 2 mil anos atrás, a reforma global foi planificada minuciosamente nos mínimos detalhes pela Engenharia Sideral, para que nada fuja dos padrões estudados. Irmãos, este esclarecimento será de fundamental importância para sua tranquilidade em tudo que terão de passar, o que, aliás, será de grande apreço, pois lhes legará uma raríssima soma de conhecimento só possível nas grandes reformas planetárias. Ademais, como nada se dá ao acaso, sendo espíritos especiais os irmãos precisam adquirir essa maior soma de conhecimento, para se tornarem líderes no encaminhamento de seus irmãos dependentes de sua maior evolução espiritual; não obstante, em parte adquirida nessa passagem pelo plano físico.

Saibam conquistar esse esplendoroso tesouro e não deixem de forma alguma que seu caminho amoroso, ordeiro e progressista seja mudado pelos que objetivam seu total fracasso, causando-lhes muito sofrimento.

Caros irmãos, quando for necessário, digam não em alto e bom tom, dando ênfase à sua voz. Os instigadores só recuam quando são rechaçados com um não alto em bom tom, de quem está prevenido e alerta para não ser a próxima vítima do ataque do mal. Lembrem-se sempre de que oferta muito vantajosa é golpe, irresistível isca para pescar o peixe desatento!

Amados irmãos, espero lhes ter legado uma boa soma de assuntos esclarecedores, para sua apreciação em posterior meditação.

Deste irmão que tanto os ama.

Do seu amigo,

Mateus

62ª Mensagem

1. A corrida para o abismo. 2. Fim a esse fogo debelador. 3. Tudo a volta do espírito se desvanece.

AUTOR: MATEUS – DATA: 19.12.2000
Terça-feira – Início: 6h17 – Término: 7h37

Glória ao Pai, ao Filho e ao Espírito Santo.

Amados irmãos encarnados, salve!

Mais uma vez estamos reunidos para servirmos nosso iluminado Mestre e Salvador, nosso Divino Jesus Cristo de Nazareth.

Sem mais, sem menos, quem não for cauteloso e previdente não ficará sem ter sérios problemas. O refinamento espiritual precisa ser mais rápido, pois os agentes destruidores da moral estão determinados em criar o caos e causar a destruição da raça humana. A corrida para o abismo infelizmente é cada vez maior, com tanto perigo existente por toda parte; isso não deixa os irmãos verem no que tudo isso pode resultar. A reforma global com grandes ações transformatórias será intensificada, justamente para impedir a trajetória rumo ao caos de toda a raça humana.

Há muito a ser feito em curto espaço de tempo, a olho nu já se pode ver que a intervenção superior tem de ser inclemente, pois o recolhimento dos causadores do caos tem de ser acelerado. Esse fogo precisa ser debelado o mais rapidamente possível, antes que fique fora de controle e seja necessário deixar tudo ser incinerado.

O perigo é muito grande, no atual patamar evolutivo, com a violência e a desordem crescente em todo o planeta; isso realmente deixa desinquieto a quem pode ver claramente onde tudo isso pode chegar. A violência com todo agregado corrosivo da moral, da responsabilidade e do amor ao próximo, já atingiu um patamar realmente preocupante, dado o atual potencial negativo, diariamente causando a perda da vida de inúmeras pessoas.

A planificação superior feita para cada espírito que encarna pode ser prejudicada ou anulada totalmente pela interferência do mal existente por toda parte. Espíritos que deveriam viver de seis a oito décadas para poder cumprir a missão, ainda jovens e vencidos pelos vícios, infelizmente desencarnam prematuramente sem tê-la sequer começado. Isso, por ser muito grave e ruim ao todo, pede rápidas ríspidas medidas para pôr fim a esse fogo debelador. Conquanto já não se possa dizer que o bem e o mal estão equilibrados nem tampouco admitir que os dois pratos da balança estejam com o mesmo peso.

Essa lamentável realidade precisa ser vista e sentida por todos, pois os problemas já são insolúveis a curto espaço de tempo e, concomitantemente, as coisas ruins estão ficando fora de controle; realidade que quem tem olhos para ver sabe que não estou exagerando. Ademais, os graves problemas existentes em todo o planeta vão mostrar claramente serem mais sérios e destrutivos do que se possa imaginar. Portanto, sem eliminar a causa, evidentemente não será possível resolver os atuais problemas, sendo necessário o emprego de forças jamais imaginadas, que já estão entrando em ação para limpar toda podridão acumulada há séculos. Limpeza que será feita a qualquer custo, por conseguinte os comprometidos que se cuidem, porque dessa vez, não havendo impunidade, a justiça será feita rapidamente.

O fogo incinerador da moral precisa ser debelado a qualquer custo, o que evidentemente não é uma tarefa nada fácil, todos devem estar preparados para possíveis desagradáveis contratempos. Tudo está misteriosamente quieto tal qual onde apenas só há fumaça, mas não se deixem enganar, pois onde há fumaça há fogo. Tal qual um vulcão soltando apenas uma despreocupante tênue fumaça, que sem nenhum prévio aviso subitamente com ensurdecedoras explosões entra em atividade e causa a destruição de tudo à sua volta. Não obstante, os irmãos não devem se esquecer dos acontecimentos de ordem transformatória, vindo em socorro da humanidade e de tudo existente.

Quem não acreditar no que estou dizendo neste trabalho vai ter de ver pra crer; isso, meus amados, não vai ser nada bom! O corpo e espírito precisam estar preparados para tudo que vem pela frente, o que significa dizer que o apego material possessivo precisa ter fim o quanto antes. Ao irmão extremamente materialista, ferreamente apegado aos bens materiais, a perda desse tesouro espiritualmente fictício causado pelo inesperado desencarne vai fazê-lo sofrer até você aceitar esse desligamento normal, causado pela mudança de plano com outra dimensão. Após o desencarne, libertar o espírito do férreo apego aos bens materiais, sem dúvida, realmente não será nada fácil.

De retorno ao plano espiritual, a maioria dos espíritos com o poder de mandar e ser atendido, enquanto encarnado, será despojado desse poder soberano tal qual o dos monarcas; sendo apenas mais um espírito que tem de acertar as contas, essa irrefutável realidade espiritual o faz sofrer por longo tempo.

A imortalidade faz parte da infinita ascensão espiritual; quanto ao demais, materialmente falando, se constitui no necessário para ajudar o espírito encarnado a cumprir sua missão. Com o passamento, tudo à volta do espírito se desvanece, tal qual uma cortina de fumaça. Ademais já pertencendo a outra dimensão, tudo que existe no plano físico não pode mais ter sua interação, ou seja, de um ser doutra dimensão. Quem ora e medita diariamente demonstra a quem invisível que sua fé e amor a Deus é muito grande.

Deste amigo que tanto os ama.

Do seu amigo,

Mateus

63ª Mensagem

1. Assim que a adolescência acabar. 2. O extermínio já ocorrido com outras raças. 3. Outros planetas áridos e estéreis.

AUTOR: MATEUS – DATA: 11.4.2006
Terça-feira – Início: 4h34 – Término: 5h44

Glória ao Pai, ao Filho e ao Espírito Santo.

Amados irmãos encarnados, salve!

Mais uma vez estamos reunidos para servirmos nosso iluminado Mestre e Salvador, nosso Divino Jesus Cristo de Nazareth.

O trabalho é o alicerce do progresso.

Quem trabalhou, já orou.

Se Deus ouvisse as preces dos que não gostam de trabalhar, o paraíso estaria cheio de vagabundos. A espiritualidade é coisa muito séria, uma pessoa espiritualizada não pratica ações maldosas aos seus irmãos de jornada. O conhecimento sem a espiritualidade é loucura, muitas raças já se autodestruíram exatamente em virtude da falta da espiritualidade. Essa ciência, profunda por sinal, faz quem de direito saber que tudo que praticar às escondidas vem às claras, mesmo porque realmente ninguém consegue se esconder da justiça Divina.

Amado irmão leitor, a passagem por este plano é muito rápida, pois seis ou mais décadas transcorrem rapidamente. Portanto, não há tempo a perder, o cumprimento da missão começa assim que a adolescência acabar; ademais, não solucionar os problemas só complica ainda mais a peregrinação por este plano. Tudo tem de ser enfrentado corajosamente sem ser deixado nada para trás, pois o tempo perdido não pode ser recuperado de forma alguma.

É preciso ter muito cuidado com as decisões a ser tomadas, pois uma decisão errada pode levar um irmão ao total fracasso da missão.

Nunca tomem decisões precipitadas, pois as mesmas normalmente só causam desagradáveis consequências.

As ações transformatórias pertencentes à longa reforma global já estão começando a ocorrer em todo o planeta, o que torna prioritário os irmãos se prepararem psicologicamente, para saberem conviver com as novas ordens de exigências relacionadas à sobrevivência.

Com as rápidas mudanças que vão ocorrer em todas as áreas, a instabilidade vai exigir maior controle, especialmente emocional, pois meus amados irmãos vão ter de saber administrar as situações difíceis que forem surgindo, nas quais, só para se ter uma vaga ideia, multimilionários da noite para o dia perderão os bens materiais e ficarão pobres. As ações transformatórias sequenciais serão de uma ordem cronológica que não poderá ser alterada de forma alguma. O socorro à mãe natureza para libertá-la do julgo da mão do homem terá prioridade; eu até posso dizer que isso já está começando a acontecer e que, sem dúvida, será intensificado.

A corrida para o caos infelizmente já está muito grande para ser freada, coisas sequer imaginadas vão ter de acontecer em todo o planeta. Da forma que o desrespeito humano está aumentando e agredindo a mãe natureza de todas as formas, se isso não parar enquanto é tempo, o fim da raça humana será inevitável. Daí o porquê da grande reforma global, para impedir o extermínio já ocorrido com outras raças. O progresso tem de ser desenvolvido, com o mútuo respeito de mãos dadas com a mãe natureza. Este planeta já suportou o máximo de agressão ambiental, agora a reforma global vai reverter esse quadro para sempre. O despertamento consciente de poder existir, legado pela pródiga mãe natureza, tem de ser feito e cultuado por todos. As obras do Criador têm de ser amadas e protegidas pela raça humana, outros planetas áridos e estéreis já passaram pelo mesmo processo que este infelizmente está passando.

Com exceção do espírito, tudo mais legado pela casa planetária possui um determinado tempo para existir e criar progresso, no qual também se enquadram todos os demais planetas, que precisam ser cuidados com muito carinho e respeito para terem uma vida longa. Os irmãos precisam saber que, assim que um planeta vai perdendo o poder germinativo, evidentemente ele já está começando a morrer. Todos os irmãos que maltrataram a mãe natureza serão enviados a outra casa planetária, com os habitantes tendo muitas dificuldades, inclusive no que tange à extração de alimentos da terra. Irmãos, não se esqueçam de que estamos às vésperas de grandes acontecimentos transformatórios, fiquem alerta!

A prática do contato diário em preces e meditação comprova o amor e fé na Divindade!

Deste amigo que tanto os ama.

Do seu amigo,

Mateus

64ª Mensagem

1. Uso empírico da energia nuclear. 2. Vazamentos radioativos fora de controle. 3. Gregos e Troianos se tornarão amigos inseparáveis.

AUTOR: MATEUS – DATA: 12.4.2007
Quinta-feira – Início: 4h41 – Término: 5h57

Glória ao Pai, ao Filho e ao Espírito Santo.

Amados irmãos encarnados, salve!

Mais uma vez estamos reunidos para servirmos nosso iluminado Mestre e Salvador, nosso Divino Jesus Cristo de Nazareth.

Quem trabalhou, já orou!

Toda a humanidade realmente vai precisar de muitas orações. Assim que os acontecimentos de ordem transformatória forem intensificados, nas áreas atingidas tudo vai ficar muito tenso, nessas horas as preces serão de grande ajuda espiritual.

Irmãos leitores, não se deixem enganar pela falsa calmaria, pois a tempestade se formará rapidamente e não dará tempo para ninguém se afastar e se pôr a salvo. Estejam alerta e não entrem em pânico quando forem envolvidos nos acontecimentos, lembrem-se sempre de que isso não pode ser evitado, pois o planeta como um todo necessita das ações transformatórias. A mãe natureza já pede socorro há muito tempo, a reforma global já foi adiada ao máximo, no entanto, o resultado objetivado deixou muito a desejar.

O envenenamento das águas, do solo e do ar já chegou a um limite inadmissível extremamente nocivo à vida como um todo: desrespeito à mãe natureza que terá a intervenção superior, para reverter o atual quadro desolador criado pela insensatez humana ao longo do tempo. A reforma global já foi adiada ao máximo, com a intensificação das ações transformatórias será impedido o caos, seguido do fim da raça humana.

Mar, rios e mananciais estão comprometidamente muito poluídos, lamentável realidade comprovada de vez em quando com a morte de toneladas de peixes e... Por incrível que pareça, mesmo diante desse quadro desolador, insensatamente a construção das usinas hidrelétricas continua, as quais impedirão ainda mais o fluxo livre das águas, consequentemente criando mais problemas ao meio ambiente.

Em nível mundial, os problemas estão aumentando assustadoramente. Se isso não bastasse, uma grande parte da humanidade desconhece o perigo cada vez maior, com a manipulação e o uso empírico da energia nuclear. Ademais, com a construção cada vez maior de usinas nucleares, sem ter um elemento desativador da radioatividade, os acidentes deixando os vazamentos radiativos fora de controle, causarão drásticas consequências; aguardem! As duas próximas décadas serão fundamentais para encontrar solução a esse grave problema, inclusive aos demais em outras áreas. O planeta precisa ser libertado dos consequentes e assoladores problemas que estão exterminando as espécies. Nessa corrida para o caos, se não fosse a intervenção da reforma global, o homem fatalmente seria a próxima vítima.

Uma nova consciência ecológica com leis rígidas se torna imprescindível para a saúde e o bem-estar de toda a humanidade. Se essas novas leis "por outras razões" não forem decretadas antes das drásticas consequências advindas, posteriormente a duras penas inevitavelmente elas serão aprovadas. Como até agora o homem não tomou medidas significativas, no controle dos principais agentes poluentes, tudo se agrava dia a dia. Portanto, as ações transformatórias evidentemente serão mais intensas, para poder fazer a correção necessária.

Em todo o planeta, os grandes rios já estão seriamente poluídos, isso para não dizer, que muitos já estão agonizando. Seríssimo problema de caráter mundial que pede medidas urgentes, mas infelizmente as vistas grossas das autoridades convenientemente não enxergam essa grave questão. A resposta a toda essa lastimável agressão feita pela mão do homem agora será legada pelos agentes transformatórios. Portanto, a luz da verdade, a fase tumultuada de acontecimentos e problemas, em busca de solução aos graves problemas existentes em nível mundial, está apenas começando! Sem nada podendo ser adiado e não havendo para onde fugir, a consciência de ter de conviver com tudo legado pela reforma global no mínimo legará maior aceitação.

A fé inabalável na Divindade, com a certeza de que nada será feito sem ter toda assistência superior, será de fundamental importância para evitar o pânico, com drásticas consequências e desencarnes desnecessários. Por conseguinte, se nada se dá ao acaso, então por que temer tudo que vem pela frente?

Nessa reforma global, os laços da irmandade falarão mais alto, com esse autêntico milagre antigas e descabidas rivalidades deixarão de existir. Conquanto de ombro a ombro, lado a lado socorrendo os acidentados nos grandes acontecimentos transformatórios, gregos e troianos se tornarão amigos inseparáveis.

Orar faz bem ao corpo físico e mais ainda ao espírito, orar é ser solidário à dor dos que sofrem.

Deste amigo que tanto os ama.

Do seu amigo,

Mateus

65ª Mensagem

1. O início da retomada do antigo leito. 2. O planeta ao perigo da autodestruição. 3. A crise energética mal está começando.

AUTOR: MATEUS – DATA: 27.4.2010
Terça-feira – Início: 5h26 – Término: 6h38

Glória ao Pai, ao Filho e ao Espírito Santo.

Amados irmãos encarnados, salve!

Mais uma vez estamos reunidos para servirmos nosso iluminado Mestre e Salvador, nosso Divino Jesus Cristo de Nazareth.

Tudo por um amanhã cada vez melhor!

Quem trabalhou, já orou!

As ações transformatórias já estão sendo intensificadas em todo o planeta; para complicar ainda mais, o aquecimento global está causando o rápido desgelo em toda a superfície, elevando o nível d'água do mar e fazendo-o avançar lentamente praia adentro sem recuar, o que pode ser considerado como o início da retomada do antigo leito. O tempo para que fosse diminuída a crescente poluição já foi estendido ao máximo; no entanto, como quase nada foi feito para pôr fim à carga dos agentes poluentes diariamente despejada no mar, rios e mananciais, na terra e na atmosfera, agora, com a mãe natureza rebelada e juntando forças com todos os elementos, a intervenção vai ser para valer.

A limpeza de cima para baixo em uma autêntica caça às bruxas, será acelerada e, tal qual uma pandemia, vai livrar o planeta da erva daninha que infelizmente cresceu muito nos últimos tempos. Portanto, com os problemas aumentando e as reivindicações sendo cada vez mais violentas, obviamente um problema muito sério, há necessidade de urgentes soluções antes que tudo fuja de vez do controle.

A exploração que está por toda parte, juntamente com a impunidade que faz tudo acabar em pizza, pode ser o estopim que causará uma autêntica explosão de violência inimaginável! A justiça realmente precisa tirar a venda dos olhos e pôr fim aos pizzaiolos gordos, apadrinhados e confiantes na impunidade; até agora lamentavelmente confirmada!

Caros irmãos leitores, às vezes não podemos deixar de mostrar nossa indignação, muito embora saibamos que a justiça da terra pode falhar, mas jamais a Divina, com os transgressores fazendo o acerto de contas e recebendo o devido! Daqui para a frente, a sociedade será cada vez mais surpreendida por novos escândalos, revelando e encarcerando supostos salva-pátria; imparcialidade fruto da megalimpeza de cima para baixo!

O recolhimento espiritual dos responsáveis pela fome e miséria existente em todo o planeta será cada vez maior! Os antigos parlamentares tiveram muito tempo para se libertar do aliciamento feito pelo enriquecimento ilícito, mas, como isso não foi possível, agora a justiça Divina tem outros planos para os mesmos. O que evidentemente não será um castigo e sim uma dádiva, podendo começar do nada em outro plano, tendo todo o tempo necessário para desenvolver as virtudes, que neste não foi possível. Um plano ainda de uma época muito remota, onde os irmãos estão sempre se defrontando com o iminente perigo e lutando para sobreviver, dando plena vazão aos instintos à altura desse plano; ironicamente até se pode dizer que esses irmãos serão felizes.

Neste planeta, com o atual grau de desenvolvimento e progresso, com avançada tecnologia a ponto de expor o planeta ao perigo da autodestruição, isso evidentemente impossibilita a permanência dos monarcas do mal nesta casa planetária.

Há muito a ser feito, a crise energética mal está começando, agora os problemas ajudarão a criar as soluções que até o momento as vistas grossas e outros interesses não permitiram. Soluções já possíveis de ser postas em prática, das quais a substituição do motor de combustão interna pelo motor elétrico sem dúvida será uma das mais importantes!

As pandemias aumentarão, pois os problemas que começarão a ocorrer nos países pobres com muita miséria e sem auxílio dos países desenvolvidos atravessarão as fronteiras e se tornarão de caráter global. Há muito tempo os países desenvolvidos gastam altíssimas fortunas no desenvolvimento bélico, lamentavelmente ignorando a pobreza, fome e miséria nos países pobres. Um erro muito grave com consequências inimagináveis, que, sem ter como ser impedidas, repercutirão nos demais países. Alto preço que será cobrado a quem poderia tê-lo evitado, mas que, não tendo feito nada para evitar as consequências, elas logo começarão a ficar fora de controle.

Caros irmãos, aprendam a não se deixar envolver pelas circunstâncias advindas a outros, que sempre buscam alta emotividade com grande desrespeito à vida. Não vai demorar para começar a ser visto por toda parte o exemplar alto preço pago pelos que vivem sem limite e respeito ao próprio corpo.

A corrida para o caos tem de ser contida a qualquer preço, antes que seja tarde demais! Irmãos, o planeta necessita mais do que nunca de suas amorosas preces diárias, pois o perigo é cada vez maior.

Deste amigo que tanto os ama.

Do seus amigo,

Mateus

66ª Mensagem

1. Diante desse quadro desolador. 2. Salvará o planeta e toda a humanidade. 3. Com língua de anjo e coração de demônio.

AUTOR: MATEUS – DATA: 7.7.2011
Quinta-feira – Início: 5h23 – Término: 6h38

Glória ao Pai, ao Filho e ao Espírito Santo.

Amados irmãos encarnados, salve!

Mais uma vez estamos reunidos para servirmos nosso iluminado Mestre e Salvador, nosso Divino Jesus Cristo de Nazareth.

Tudo por um amanhã cada vez melhor!

Uma fase muito difícil está se aproximando rapidamente, o mal que está pondo em risco a vida humana não pode continuar esperando para ser combatido. A mãe natureza está juntando forças com todos os elementos para contra-atacar, combater e desfazer o grande mal criado pelo homem. O índice de poluição já se tornou insuportável, com o alto número de desencarnes principalmente de recém-nascidos com poucos meses e idosos, tendo como causa a poluição das águas, do ar e dos alimentos, cada vez mais contaminados pelos agrotóxicos, pesticidas usados à revelia, normalmente bem acima do permitido por lei!

Diante desse quadro desolador, obviamente não há como impedir grandes catástrofes com o premente objetivo de desobstruir os rios, aumentar o fluxo d'água, limpar a calha e, por fim, o assoreamento, já comprometendo a navegação, a irrigação e a própria vida dos grandes rios; fonte responsável por um dos maiores suportes de vida em todo o planeta. A humanidade necessita de energia elétrica, mas necessita muito mais de água potável e do alimento cultivado com a irrigação dos rios. Todos os agentes poluentes e nocivos à vida serão combatidos de todas as formas, sendo que desta vez não haverá tréguas nem fracasso!

Se o progresso aumenta e, ironicamente, a miséria e a violência crescem ainda mais, obviamente algo muito grave precisa ser corrigido rapidamente. Sem dúvida uma difícil empreitada, que ficará ao encargo da limpeza psíquica de cima para baixo em uma autêntica caça às bruxas, tirando do poder os poderosos monarcas do mal e seus súditos. Limpeza que já deveria ter sido feita há muito tempo, a qual foi impedida pela imunidade de mãos dadas com a impunidade, sendo presos e condenados somente os filhos dos pobres! Os irmãos logo observarão um autêntico efeito dominó, na queda de altos personagens que se consideram acima da lei, com copiosas lágrimas, vendo a casa cair!

Na área da exploração já insuportável crescendo como erva daninha, com o lobo camuflado na pele de cordeiro e tido como sem mácula, a justiça Divina fará uma grande derrocada! Com tudo a caminho na limpeza de cima para baixo sem deixar nada para trás, como disse linhas atrás, se a violência, a fome e a miséria estão crescendo assustadoramente, a bem da verdade, há muita coisa errada para ser corrigida; com a sujeira já saindo pelo ralo!

Bons irmãos, sua exemplar conduta amorosa é quem está fazendo a grande diferença aos olhos de Deus. Se não fossem as boas ovelhas sempre na frente obedecendo ao pastor, guiando as demais e não as deixando dispersar, a história realmente já teria sido outra; acreditem!

Se um planeta habitado deixar de receber a energia de amor dos habitantes, ele perde a força fértil que germina as sementes, fica árido e desintegra! Portanto, com essa força vital já muito enfraquecida, mesmo assim ainda há muita esperança, pois a reforma global, seguida da intervenção superior, salvará o planeta e toda a humanidade do extermínio total!

A infiltração do mal se dá por toda parte, o satanás já simula a auréola de santo em seus discípulos. Portanto, todos os irmãos precisam ser muito cautelosos, para não serem convencidos a deixar o bom caminho e ingressar no de portas largas, com tudo para fazê-los sofrer intensamente! Quando for preciso não se intimidem, digam não em alto e bom tom, pois esse procedimento destemido será o escudo protetor que os protegerá do assédio do mal tentando torná-los novas vítimas! Não se deixem enganar, pois os maldosos irmãos com língua de anjo e coração de demônio estão por toda parte, sondando sua fraqueza para desencaminhá-los e fazê-los fracassar na missão. Atualmente, mesmo nos lares, a verdade nem sempre é cultuada pelos membros da família, a necessidade de ocultar a verdade faz parte dos que não andam no caminho reto obediente às leis Divinas.

Toda agressão ao corpo físico com total desrespeito, destruindo-o rapidamente ou deixando-o com sequelas irreversíveis é muito grave e causa muito sofrimento por longo tempo; isso evidentemente por não dizer pelo resto da vida! As leis alicerçadas na moral e na ética infelizmente estão enfraquecendo e contribuindo a não deixar o jovem saber diferenciar o certo do errado. Caminho que tem de ser barrado o quanto antes, para impedir a insanidade mental que leva as pessoas à loucura! Em todo planeta existem milhões e milhões de pessoas arrependidas, sofrendo as consequências das más decisões irreversíveis praticadas nos momentos de fraqueza, ou seja, vencidos pelas ilusões do mundo. Semelhantemente à mariposa, que atraída pela fulgente luz acaba sendo cegada, queimada e morta pelo calor da lâmpada incandescente!

Orar e meditar diariamente antes de tudo é cumprir o compromisso assumido antes de encarnar!

Deste amigo que tanto os ama.

Do seu amigo,

Mateus

67ª Mensagem

1. Vai pôr fim à lavagem cerebral. 2. O esmagador avanço do mar. 3. Circulares manchas negras irradiando calor.

AUTOR: MATEUS – DATA: 13.3.2012
Terça-feira – Início: 5h19 – Término: 6h43

Glória ao Pai, ao Filho e ao Espírito Santo.

Amados irmãos encarnados, salve!

Mais uma vez estamos reunidos para servirmos nosso iluminado Mestre e Salvador, nosso Divino Jesus Cristo de Nazareth.

Tudo por um amanhã cada vez melhor.

A hora do *rush* está chegando e não há para onde fugir, a mãe natureza vai cobrar toda agressão sofrida para mais de um século! Portanto, com essa cobrança una a salvadora reforma global, preparando o planeta para poder atender todas as demandas por vários milênios, evidentemente será uma transição muito difícil. Mas, como após a tempestade vem a bonança, a raça humana terá um futuro promissor!

Para ser feita uma grande reforma em um casarão, sempre há necessidade de serem feitas muitas demolições, exatamente o que vai ocorrer nesta grande reforma global; muito embora a quase maioria dos irmãos e irmãs não acreditem. Portanto, acreditando ou não, o curso dessa grande reforma não será mudado, resultando em maiores consequências para os descrentes. Ademais, o planeta também precisa ser libertado dos poderosos monarcas do mal, responsáveis pela atual corrida para o caos. Reinado de terror que está fazendo o povo sofrer fome e miséria, ditadores escravocratas que serão depostos um atrás do outro, até não restar nenhum!

Poderosos monarcas do mal que já estão com os dias contados, muito embora não acreditem nisso. Haverá muito choro e ranger de dentes quando, de um momento para o outro, sem esperar, um grande estrondo põe fim ao reinado. Na limpeza de cima para baixo há muito trabalho para ser feito em caráter mundial, pois infelizmente ainda há muitos parasitas vivendo à custa do suor do próximo, sanguessugas que já estão com os dias contados!

A era da exploração de toda espécie e forma está no auge, mas não por muito tempo, pois os explorados, recebendo maior esclarecimento espiritual, serão trazidos à realidade: despertamento que finalmente vai pôr fim a lavagem cerebral, fazendo todos os exploradores de toda espécie e forma se darem mal! Comprovando assim que a era da exploração está no fim, mesmo porque a limpeza de cima para baixo, não deixando nada para trás, efetivamente dará uma grande ajuda!

A era das vacas gordas findou e a das vacas magras mal está começando, evidenciada com a devastação que haverá nas áreas de cultivo de alimentos, causadas pelas ações transformatórias com grandes terremotos e inundações. Grandes rios transbordando e levando tudo de roldão em seu curso de colisão, problemas causados pelo aquecimento global concomitante com os agentes transformatórios.

Na calmaria que precede a tempestade a caminho, neste ano ainda vão ocorrer grandes acontecimentos em todo o planeta. O movimento das águas está apenas começando, com a elevação do nível d'água e algumas barragens já dando sinal de fadiga com algumas fissuras; o rompimento é apenas uma questão de pouco tempo. Quando então a intervenção da mãe natureza não vai parar até tudo estar resolvido, para o que evidentemente ainda há um longo caminho a ser percorrido!

Para a mãe natureza, desfazer o mal que foi criado pela insensatez humana obviamente ainda vai demorar um longo tempo. Construir grandes barragens ao longo de grandes rios para gerar energia elétrica, já havendo outras opções mais viáveis, evidentemente é persistir em um grave erro, que de uma forma ou de outra não vai demorar para ser corrigido. Como também no que tange ao uso do motor a combustão interna, que consequentemente já se tornou inviável por ser altamente poluidor. Muito embora já existam outras opções mais viáveis, o alto faturamento continua barrando qualquer tentativa nesse sentido.

O preço que será pago por essa persistência será desolador; assim que grandes megalópoles começarem a ser invadidas pelo mar, o homem vai começar a ver o mal que causou, só que aí já será tarde demais, pois ninguém conseguirá impedir o esmagador avanço do mar voltando a ocupar seu antigo leito! Em certos locais, o avanço do mar sem recuar já está começando a afastar os habitantes, isso evidentemente é apenas um pequeno sinal do que está por vir, sem que possa ser contido! A reforma global logo será reconhecida em todos os países, com a elevação do nível d'água do mar inundando grandes áreas densamente povoadas.

Os países com grande parte de suas terras abaixo do nível do mar, como por exemplo é o caso da Holanda, se prepararam antecipadamente com máquinas e equipamentos para fazer o resgate humano em massa; isso será fundamental para impedir o alto número de desencarnes desnecessários! Em regra geral, nas cidades em que o solo for arenoso, indicando ter sido antigo leito do mar, a retomada será inevitável!

Nas regiões em que começar a surgir circulares manchas negras irradiando calor, o afastamento dessas áreas para locais o mais distante possível deve ser feito o quanto antes, pois nessas áreas as ações transformatórias serão devastadoras!

Orar e meditar diariamente lega uma grande ajuda na proteção da família.

Deste amigo que tanto os ama.

Do seu amigo,

Mateus

68ª Mensagem

1. A extração de petróleo no pré-sal. 2. Com o acelerador de partículas. 3. A recente queda do meteoro na Rússia.

AUTOR: MATEUS – DATA: 21.2.2013
Quinta-feira – Início: 5h15 – Término: 6h27

Glória ao Pai, ao Filho e ao Espírito Santo.

Amados irmãos encarnados, salve!

Mais uma vez estamos reunidos para servirmos nosso iluminado Mestre e Salvador, nosso Divino Jesus Cristo de Nazareth.

Tudo por um amanhã cada vez melhor!

A mãe natureza já foi agredida demais, agora ela vai dar o troco; aguardem!

O restringimento do fluxo d'água causado pelas barragens das hidrelétricas não vai durar por muito tempo. Com o rompimento de barragens, a falta de energia elétrica será cada vez maior. Os rios precisam ser salvos do assoreamento causado pela restrição do fluxo d'água delimitado pelas hidrelétricas. Esse comprometimento já está ocasionando problemas sequer imaginados, que só não causaram grandes epidemias por causa da intervenção superior!

Portanto, salvar os rios e pôr fim ao uso do petróleo como combustível carburante são duas metas prioritárias! A extração de petróleo no pré-sal, sem nenhuma dúvida vai causar desastres ecológicos sequer imaginados, assim que as ações transformatórias forem intensificadas, mais os efeitos colaterais do crescente aquecimento global. Com a ação dos terremotos, tornados, tufões e dos tsunamis, as plataformas de petróleo não resistirão a esse embate. Problemas sequer imaginados vão causar grandes desastres ecológicos, verdadeiras catástrofes à fauna e a flora, isso obviamente sem deixar de acrescentar a ação dos vulcões terra e mar, que serão de grande ajuda na reforma global.

Morar na orla marítima a poucos metros distante do mar foi um privilégio que já fez época, que primeiramente será substituído pelo terror causado pelas grandes ressacas e, posteriormente, pelo avanço do mar inundando as construções. Portanto, como já disse, a era desse conforto já fez época, agora quem não se afastar dessa zona de risco vai se ver em graves problemas. Há muito tempo o mar já vem dando sinais de que vai retomar seu antigo leito, o que, no entanto, até então não teve a mínima atenção. Tal qual aos vulcões, que também já vêm dando demonstração de que vão entrar em atividade, infelizmente com igual desatenção, ou até pior, de todos que moram próximos! Com todos esses impasses mais o eminente perigo que ronda essas áreas, sendo impossível uma rápida evacuação, tudo indica que o preço a ser pago será alto.

Com este trabalho, o plano espiritual espera conseguir evitar o maior número possível de desencarnes desnecessários, mas, como se vê, não vai ser nada fácil, em razão dos impasses que tentam impedir a divulgação deste trabalho. Embate de frente que exige muito amor e fé principalmente de nosso intermediário, que sente o peso dessa responsabilidade aí no plano físico! Nada a estranhar, pois bons trabalhos sempre tiveram fortes barreiras impostas para impedir o sucesso dos mesmos, sendo que com este também não está sendo diferente, mas toda essa barreira não vai adiantar, pois logo este trabalho será consagrado pela sociedade!

Fazer parte de um trabalho dessa magnitude é uma dádiva que todos os irmãos gostariam de ter, participação que antes passa por uma seleção que não deixa nenhum item sem ser aprovado! Portanto, antes que coisas graves programadas a longo tempo aconteçam, as ações transformatórias vão interferir nos locais já mapeados. O que significa dizer que, nos locais com grandes arsenais bélicos, principalmente com armamentos nucleares, não haverá segurança, pois esses locais serão desativados definitivamente.

O planeta como um todo precisa ficar livre do holocausto, caso o armamento nuclear já existente seja usado ou sofra um acidente que ative o lançamento dos mísseis! Além do que, também existem outras experiências, que não têm nada haver com o acelerador de partículas, mas que precisam parar antes de estarem fora de controle! Atlântida também passou pelo descontrole que afundou o continente, então para que isso não se repita em escala mundial, de um jeito ou de outro esse perigo será anulado, muito embora isso custe a perda de muitas vidas!

A recente queda do meteoro na Rússia deixou comprovado que a qualquer momento isso pode se repetir sem que possa ser impedido, pelo menos por enquanto! Portanto, é bom que os irmãos pensem muito sobre isso, pois o perigo é real e muitas coisas estão para acontecer!

Orar e meditar diariamente é de fundamental importância para impedir que coisas ruins aconteçam, especialmente agora, com as ações transformatórias sendo intensificadas!

Deste amigo que tanto os ama.

Do seu amigo,

Mateus

69ª Mensagem

1. Ressacas e tsunamis *mais constantes. 2. Repetidos avisos que não devem ser ignorados. 3. Não manterão o reinado por muito tempo.*

AUTOR: MATEUS – DATA: 28.5.2015
Quinta-feira – Início: 4h06 – Término: 5h20

Glória ao Pai, ao Filho e ao Espírito Santo.

Amados irmãos encarnados, salve!

Mais uma vez estamos reunidos para servirmos nosso iluminado Mestre e Salvador, nosso Divino Jesus Cristo de Nazareth.

Tudo por um amanhã cada vez melhor!

Assim que os grandes acontecimentos transformatórios começarem a ocorrer mais intensamente em todo o planeta, isso não vai deixar dúvidas de que o planeta está entrando em reforma.

Com o aquecimento global e o degelo das calotas polares e adjacentes, o mar está subindo e avançando terra adentro. Inclusive fazendo a retomada de seu antigo leito, o que significa dizer que vai deixar submersas grandes cidades construídas em seu pretérito leito. Sinal de que esse avanço real já vem sendo dado há longa data, com o mar avançando e diminuindo as praias, sendo que em certas localidades já está atingindo as moradias mais próximas da faixa de areia! Portanto, quem mora especialmente na orla marítima ou próximo da mesma, precisa estar sempre alerta para não ser pego de surpresa pelas ressacas e *tsunamis* mais constantes.

Nas áreas onde já houve *tsunamis* ou inundações, o afastamento deve ser o mais rápido possível, posto que nessas áreas vão ocorrer ações da mãe natureza com maiores consequências! Portanto, permanecer nas áreas já atingidas pelas ações da natureza sem dúvida é persistir no erro e pôr em risco a própria vida. Nessas áreas, os alertas do plano espiritual serão feitos até no período do sono, com repetidos avisos que não devem ser ignorados de forma alguma.

Nas áreas onde a presença dos animais é mais constante, se os irmãos observarem que de repente os animais ficam agitados e começam a empreender fuga, o afastamento humano deve ser feito sem perda de tempo! Pois os animais possuem maior percepção e podem pressentir o perigo bem antes que as catástrofes aconteçam; manifestação já devidamente comprovada no recente *tsunami*!

Com tudo que está ocorrendo, isso deixa comprovada a premente necessidade da limpeza psíquica de cima para baixo em uma autêntica caça às bruxas, que vai demorar um longo tempo para ser completada. Sendo uma limpeza que não vai deixar nada para trás, os antigos mãos grandes que desviaram muito dinheiro para suas contas e causaram o mal que se vê por toda parte, evidentemente, não ficarão impunes e a justiça será feita! Ademais, a epidemia da queda das máscaras que mal está começando não vai parar até que a última seja retirada e quem escondido atrás dela seja punido.

O procedimento inesperado dos países devolvendo o dinheiro depositado ilicitamente em seus bancos evidencia uma notável prova da ética profissional e honesta, que será de grande ajuda na punição dos responsáveis; infelizmente, ainda convenientemente morosa aos personagens envolvidos. Tudo que está ocorrendo neste país está sendo observado pelos demais, e as máscaras já não estão surtindo o efeito desejado; entenderam, irmãos? Com tudo que está acontecendo, evidentemente ninguém pode contestar a limpeza de cima para baixo, que mal está começando.

O movimento das águas será intensificado e as catástrofes serão inevitáveis, os rios que cortam as grandes cidades vão inundá-las; é bom que se pense muito bem nisso! Os grandes rios, já seriamente comprometidos pela poluição, precisam ser limpos urgentemente, para voltar a ser hábitat da fauna e da flora, não importando o que seja preciso fazer para se obter esse fantástico objetivo!

Caros irmãos, sejam assíduos observadores, olhem menos para o chão e mais para a mãe natureza e vejam o que precisa ser feito. Reformar um planeta é uma obra descomunal que leva muito tempo para ser concluída, pois as consequências são inimagináveis. Conviver com esse longo período requer o devido esclarecimento, solidário aos irmãos necessitados, ademais essa extraordinária transição lega raríssimas experiências que facultam maior evolução espiritual.

Em épocas assim, o plano espiritual faz um grande remanejamento dos espíritos que precisam ser recolhidos e dos que precisam encarnar, para legar maior futuro a toda a humanidade. Há longo tempo os espíritos com maior progresso espiritual estão encarnando, exatamente para legar maior assistência a toda a humanidade durante a longa reforma global. Nela está enquadrado tudo que já fez época e que precisa ser desativado, por já estar sendo nocivo ao todo. Conquanto se possa ver claramente que em todas as áreas nada será como antes, e que, para tal, custe o que custar não será medido nenhum esforço, inclusive tirar do poder poderosos monarcas escravocratas, que mantêm a tirania causando muito sofrimento ao povo! Nesse processo, quanto maior a resistência, maior ainda serão as consequências aos tiranos, os quais, mesmo com o apoio de poderosas nações, mesmo assim não manterão o reinado por muito tempo.

Bons irmãos e irmãs, não deixem nada mudar seu caminho ordeiro e progressista, fiquem alerta porque tentativas nesse sentido é que não faltarão. Seu bom exemplo fala mais alto que mil palavras ao vento, que já estão se tornando comuns e não estão convencendo ninguém. Esse é o grande medo de quem vê a costumeira arrecadação diminuir, por já não estar convencendo ninguém, principalmente a fazer o débito automático, comprovando que, nessa circunstância, o bem e o mal não duram para sempre!

Orar e meditar diariamente não deixa o espírito enfraquecer nem o corpo ficar doente.

Deste amigo que tanto os ama.

De seu amigo,

Mateus

70ª Mensagem

1. Um ótimo estágio com maior ascensão espiritual. 2. Todos os arsenais estão localizados. 2. A crise econômica cada vez maior.

AUTOR: MATEUS – DATA: 24.9.2015
Quinta-feira – Início: 4h34 – Término: 5h44

Glória ao Pai, ao Filho e ao Espírito Santo.

Amados irmãos encarnados, salve!

Mais uma vez estamos reunidos para servirmos nosso iluminado Mestre e Salvador, nosso Divino Jesus Cristo de Nazareth.

Tudo por um amanhã cada vez melhor!

Entre o céu e a terra há mais coisas do que se possa imaginar. Ser consciente de ser apenas um estagiário adquirindo conhecimento por determinado tempo é a consciência de ter um ciclo de encarnações para ajudá-lo a adquirir conhecimento e experiência, até que suplante as lições que possam ser legadas por essa casa planetária. Sempre cumprindo com o dever e a experiência de servir a Deus, sendo solidário à dor e sofrimento do próximo. Esse realmente será um ótimo estágio com maior ascensão espiritual, nada fácil de ser igualado pelos demais estagiários.

Na atual situação, com tanta violência, fome e miséria causadas pela tirania sem dó nem piedade de ninguém, uma conduta amorosa e progressista realmente não é nada fácil de ser mantida. Atualmente com a premente necessidade de uma rápida intervenção superior, sendo que na limpeza psíquica de cima para baixo ainda há muito trabalho a ser feito, evidentemente ainda há um longo trabalho até que a limpeza seja completada.

Os graves problemas ainda não começaram a acontecer, mas não estão longe de ter início, pois as mudanças dos sistemas usados há séculos serão feitas custe o que custar. Portanto, toda a humanidade deve se preparar para dias difíceis, dificuldades que na maioria dos casos foram criadas pelo próprio homem. A começar pela poluição da água, da terra e do ar, a qual haja o que houver será anulada, mas que para tanto se pode esperar por problemas e consequências inimagináveis!

Toda resistência em não mudar os já deficientes antigos carros chefes do progresso, ou seja, das hidrelétricas com barragens pelas de turbinas flutuável e do motor de combustão interna pelo elétrico. Só esses dois itens, com a intervenção da reforma global para mudá-los, nem se pode imaginar o que está para começar a acontecer em todo o planeta.

Portanto, assim que as dificuldades citadas acima começarem a ocorrer, e o eminente perigo do desencadeamento de guerra for real, antecipadamente a intervenção superior vai desativar grandes arsenais, lotados de armas com grande poder de destruição. Acreditando ou não nisso, quem morar próximo dos mesmos, com a dúvida pelo sim ou pelo não, deve se afastar o mais possível para evitar drásticas consequências. Em todo o planeta todos os arsenais estão localizados, a qualquer momento as ações das intempéries para desativá-los legarão muita surpresa. Para a intervenção superior não há nenhum local inacessível, quanto maior a profundidade, as consequências também serão maiores. Portanto, acreditando ou não, a intervenção será a toda prova e a desativação de poderosas armas, inevitável.

Se nessa terra existe alguma coisa fortemente sedutora, comprovar o poder de fogo de novas armas se torna praticamente irresistível! Para evitar novos confrontos, os chefes de nações terão de ter pulso firme e um determinismo a toda prova, para não ser seduzido pelos generais e dar permissão. Para fortalecer os futuros presidentes das nações, eu os faço saber que, se forem vencidos e autorizarem confrontos, serão recolhidos e farão companhia aos demais responsáveis por grandes genocídios, ainda fazendo a expiação nos planos onde o tempo não passa e o sofrimento não tem alívio!

Com tudo que está ocorrendo por toda parte e o caos aumentando, em todos os segmentos da sociedade a contenção será a toda prova. Como de Deus ninguém se esconde, quem apostou na impunidade literalmente apostou no cavalo errado, pois agora com os rabos de palha pegando fogo, o salve-se quem puder vai prevalecer. Muitos dos atuais contraventores que se supunham protegidos já estão começando a ver que não é bem por aí; e não vai parar nisso: a crise econômica cada vez maior vai ajudar a pôr na cadeia quem se supunha acima da lei, aguardem!

Caros irmãos, não se deixem influenciar pelos que querem vê-los fracassar em sua nobre missão; se ela está difícil, acreditem, é porque ela é muito importante, pois se acaso não fosse, a dificuldade realmente não existiria e ela logo seria concluída. Portanto, essa dificuldade deve fortalecê-lo, pois tudo que é bom é difícil, mas, como a dificuldade não vai vencer seu bom trabalho, logo ela deixará de existir e ele será consagrado! Em regra geral, tudo que é bom é difícil; portanto, se o irmão está tendo dificuldade em empreender seu trabalho, acreditem: ele é bom e terá toda a proteção, e sua vitória será a vitória de nosso Senhor Jesus.

Caros irmãos, haja o que houver, não saiam do caminho ordeiro e progressista e nada temam.

Deste amigo que tanto os ama.

Do seu amigo,

Mateus

71ª Mensagem

1. A correção do desvio de eixo do planeta. 2. O tempo do recolhimento misterioso. 3. O criminoso desmatamento florestal.

AUTOR: MATEUS – DATA: 21.1.2016
Quinta-feira – Início: 4h31 – Término: 5h42

Glória ao Pai, ao Filho e ao Espírito Santo.

Amados irmãos encarnados, salve!

Mais uma vez estamos reunidos para servirmos nosso iluminado Mestre e Salvador, nosso Divino Jesus Cristo de Nazareth.

Tudo por um amanhã cada vez melhor!

Realmente não há para onde fugir, os problemas são muitos e precisam da intervenção superior. O planeta já foi agredido demais e a reforma global precisa salvá-lo da rápida extinção das espécies, principalmente da humana. Até aqui, bem ou mal se chegou ao atual estado de coisas, que só não piorou por causa da intervenção superior. No entanto, como já não é mais possível continuar da forma que está, com os acontecimentos transformatórios começando a fazer as mudanças necessárias, evidentemente se pode esperar por muitos problemas em todo o planeta. Os acontecimentos que pegarão a todos de surpresa vão começar a ocorrer e causar transtornos nunca vistos. Estar alerta e não se deixar enganar pela falsa calmaria já será um bom começo para evitar desnecessários problemas.

As atuais intempéries, com bruscas mudanças de temperatura, seguidas de copiosas chuvas elevando o nível dos rios e gerando grandes inundações, já fazem parte da reforma global. Com a elevação da temperatura, causada pelo aquecimento global, o derretimento das geleiras está elevando o nível da água do mar. Não vai demorar para começar a retomada de seu antigo leito, causando o pânico principalmente a quem mora na orla marítima. Ademais, há que se contar com a correção do desvio de eixo do planeta, o que por si só já será o suficiente para causar catástrofes sequer imaginadas.

A reforma global não será só física, ela também vai abranger a parte psíquica, mesmo porque não se pode fazer só uma parte, se a outra está interligada e não há como ser desvinculada. Está sendo feita a limpeza psíquica e concomitantemente recolhendo os agressores de tudo existente, principalmente do ser humano. Nessa limpeza de caráter global, todos os poderosos monarcas escravocratas serão retirados do poder e o povo será libertado da tirania, como evidentemente já vem acontecendo, e quanto maior a resistência, as consequências serão piores como, aliás, já existem irrefutáveis provas!

O mundo caminha para um futuro mais promissor, uma escola espiritual à altura dos futuros hóspedes mais evoluídos, que desenvolverão maior progresso advindo de uma vida mais saudável e feliz para toda a humanidade. Não se pode negar que ainda há um longo caminho a ser percorrido, com uma fase muito difícil para toda raça humana, mas, como sem luta não há vitória, desta vez ela realmente será a toda prova, que, aliás, será quem vai selecionar quem vai e quem fica!

O tempo do recolhimento misterioso, com uns sendo recolhidos e outros, mesmo estando juntos, ficando ilesos, chegou. Muitos irmãos e irmãs já pressentem que algo nunca ocorrido está a caminho, pressentimento que não pode de forma alguma ser desrespeitado, porque ele logo será real e não haverá explicação para esse fenômeno. Uma coisa é certa, a seleção será muito grande e não poderá ser feita rapidamente, o que significa dizer que evidentemente será longa.

Para um irmão realista, amoroso e respeitador da mãe natureza, vendo o criminoso desmatamento florestal, os rios com águas fétidas e outros belos rios secando, com a morte sendo causada pela restrição do fluxo d'água das barragens das hidrelétricas. Isso é de tamanha agressão que faz correr lágrimas dos olhos, e expõe a certeza de que a Divina Providência vai intervir e o preço será muito alto!

Todos os irmãos que obedecerem aos alertas feitos por este trabalho e se afastarem das zonas de alta periculosidade ficarão livres de drásticas consequências. No entanto, os que quiserem ver para crer, realmente lamentarão muito essa infeliz decisão, em certos casos fatal!

O pente fino, a peneira de malhas pequenas será passada, e quem não passar pelas malhas será recolhido; isso evidentemente vai surpreender grandes exploradores e os pequenos seguidores debandarão! A verdade não pode ser escondida, porquanto os falsos salva-pátria desta vez vão cair na real, pois quando a verdade vem à tona a loucura fica evidente! As ações transformatórias darão uma grande ajuda, desfazendo o orgulho e poder dos que estavam alicerçados nos bens materiais; as máscaras vão cair e o povo verá quem é quem!

Bons irmãos ordeiros e progressistas, todos vocês são o alicerce de pedra que não vai deixar a casa cair. Cada um de vocês, com as orações e meditação diária cultuando a Divindade, são a razão para o bem não ser vencido pelo mal. Irmãos, que nosso Senhor Jesus os conhece muito bem e confia em sua ajuda solidária aos necessitados, que serão cada vez maiores!

Deste amigo que tanto os ama.

Do seu amigo,

Mateus

Leitura Recomendada

DECIFRANDO O MISTÉRIO DOS SONHOS

Compreenda o Mecanismo dos Sonhos, Identifique cada Tipo, Decifre os Significados e Modifique seu Futuro

Mestre Gabriel Amorim

Há demasiadas fantasias e inverdades em relação aos sonhos, como, por exemplo, as encontradas nos corriqueiros dicionários de sonhos, que são comumente vendidos em livrarias e bancas de jornal. Lendo esse livro você descobrirá que dicionários de sonhos não existem, pois cada pessoa possui seus próprios símbolos de acordo com sua vivência, isso quer dizer que, se para uma pessoa algo significa uma coisa, para outra pode expressar um evento completamente diferente.

QUEM É VOCÊ?

Eu Te Ajudo a Se Lembrar

João de Deus Martins Gonsalves

Esse livro tem o objetivo de expor uma jornada para entender como as coisas acontecem e por que acontecem. Entender quem decide o que vamos viver e quem cria a nossa realidade. Os filósofos gregos tinham perguntas essenciais: Quem sou eu? De onde venho? Para onde vou? O autor acrescentou: Quem decide a nossa vida? Quem determina o que vamos viver? Quem decide se vamos ser saudáveis ou doentes? Quem decide se vamos ser prósperos ou viver em escassez? Quem decide se vamos ser felizes ou infelizes no campo romântico afetivo?

VENTOS FORTES, RAÍZES PROFUNDAS

Autorrealização, Autoestima, Afetividade e Sabedoria

Eugenio Santana

Limpe sua tela mental da tristeza, da angústia, da ansiedade, da frustração e da depressão que traz do seu passado. Se você se arrepende de ter feito algo, peça desculpas à pessoa que ofendeu e siga em frente. Se você se arrepende de não ter feito algo, dê adeus a essa situação e esqueça isso de uma vez por todas. Continue seu caminho, atento às novas possibilidades.

www.madras.com.br

MADRAS® Editora

CADASTRO/MALA DIRETA

Envie este cadastro preenchido e passará a receber informações dos nossos lançamentos, nas áreas que determinar.

Nome ____

RG ______________________ CPF ______________________

Endereço Residencial ______________________________________

Bairro ________________ Cidade __________________ Estado _____

CEP ______________ Fone ____________________________________

E-mail ____

Sexo ❑ Fem. ❑ Masc. Nascimento ______________________

Profissão ________________ Escolaridade (Nível/Curso) __________

Você compra livros:

❑ livrarias ❑ feiras ❑ telefone ❑ Sedex livro (reembolso postal mais rápido)

❑ outros: ____

Quais os tipos de literatura que você lê:

❑ Jurídicos	❑ Pedagogia	❑ Business	❑ Romances/espíritas
❑ Esoterismo	❑ Psicologia	❑ Saúde	❑ Espíritas/doutrinas
❑ Bruxaria	❑ Autoajuda	❑ Maçonaria	❑ Outros:

Qual a sua opinião a respeito desta obra? ________________________

____

Indique amigos que gostariam de receber MALA DIRETA:

Nome ____

Endereço Residencial ______________________________________

Bairro ______________ Cidade ________________ CEP __________

Nome do livro adquirido: ***Mateus na Reforma Global***

Para receber catálogos, lista de preços e outras informações, escreva para:

MADRAS EDITORA LTDA.
Rua Paulo Gonçalves, 88 – Santana – 02403-020 – São Paulo/SP
Caixa Postal 12183 – CEP 02013-970 – SP
Tel.: (11) 2281-5555 – Fax.:(11) 2959-3090
www.madras.com.br

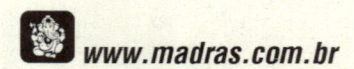